Melanie Wolfers

Trau dich, es ist dein Leben

Die Kunst, mutig zu sein

WAS BEDEUTET MUT FÜR SIE?
Hier eine Auswahl aus zahlreichen Zuschriften,
die mich erreichten

Meine Seele weit öffnen und andere Menschen, die mir nahestehen, an meinem Glück teilhaben lassen. // Der Entdeckerfreude in mir mehr Raum geben als der Ängstlichkeit. // Das Wagnis eingehen, andere in mich hineinschauen zu lassen. // Mut ist, wenn ich zugebe, dass ich Angst habe. // Mut bedeutet, dass ich trotz Widerstand und Angst fähig bin, etwas zu wagen. Es geht um ein Heraustreten aus der Komfortzone, hinein ins Ungewisse – im Sinne von »komm vor«, zeig dich. // Vertrauen, dass mein Tun gut ist, auch wenn ich ein Versagen riskiere. // Neuland betreten. Eingefahrene Lebensmuster hinter sich lassen, die Sicherheit gegeben, aber auch unfrei gemacht haben. Für Gerechtigkeit eintreten, auch mit dem Wissen der Ablehnung. // Mut ist ein Gegenspieler von Angst und ein Zwillingsbruder von Vertrauen – sichtbar in den Augen eines Kleinkinds bei seinen ersten Gehversuchen; spürbar beim Ringen, meine Wunden offenzulegen. // Mut ist die Kraft, die Träume Wirklichkeit werden lässt! // Meine Sucht nach Anerkennung loslassen. // Meinem Herzen folgen – inmitten der Angst. // Mutig zu sein ist eine große Freude! // Die eigenen Grenzlinien überspringen – ob selbst geschaffen oder vom Umfeld gezogen. Im besten Fall: um Unheil abzuwenden, um Besseres zu erwirken. // Trotz Angst für etwas kämpfen, wofür es sich lohnt. Mit dem Risiko, auch verletzt werden zu können. // Mut ist für mich, wie noch im Bauch der Mutter zu sein und das Leben trotz des Lebensrisikos einfach zu wagen. // Immer klarer, aufrichtiger und entschiedener zu dem stehen, was ich liebe. // Ich bin eine mutige Frau. In meinem Leben auch schon zu mutig gewesen. Darum ist für mich Mut, das richtige Maß an Mut für mich und mein Umfeld zu finden. // Trotz Erfahrungen von Tod und Trauer, von Depression und Alleingelassensein den Mut haben weiterzuleben! // Etwas tun, von dem ich weiß, es kann scheitern, es nützt einem nichts, es kann einem sogar schaden – und das, weil ich meinem Gewissen folgen »muss« und will. // Mir die Erlaubnis geben, glücklich zu sein. // Mut ist, *mit* der Angst etwas zu wagen. // Immer wieder innehalten und mir ehrlich Rechenschaft ablegen, ob mein Leben sich noch richtig anfühlt. Und wenn nicht, dann die Komfortzone verlassen und die notwendigen Veränderungen angehen, auch wenn es schwierig ist. // Veränderungen in meinem Leben begrüßen, statt sie zu fürchten.

INHALT

Verliebe dich, kämpfe für etwas, an das du glaubst, paddle raus an einem Tag, der dir Angst macht – das Risiko ist immer da. Aber das wahrscheinlich größere Risiko ist, ein seichtes Leben zu führen und vor deinen Ängsten und Träumen davonzulaufen.

Jon Foreman[1]

KAPITEL EINS

MUT TUT GUT

1. Vom Glück, mutig zu leben

Eigentlich sollte ich auf meine Nachbarin zugehen. Schon lange habe ich den Eindruck, sie mag mich nicht. Immer wieder wirft sie mir Zettel in den Briefkasten, anstatt mich anzusprechen, wenn ihr etwas nicht passt. Scheinbar kann ich ihr nichts recht machen. Aber vielleicht wird es am Ende schlimmer, wenn ich mit ihr das Gespräch suche. Was, wenn ich einer Diskussion nicht gewachsen bin?

Die angebotene Stelle als Abteilungsleiterin klingt super! Und vermutlich würde ich sie auch ganz gut auf die Reihe bekommen. Aber will ich diesen Posten wirklich? Zahlreiche Meetings, viel Verwaltung, wenig Kontakt mit Kunden ... Die Chefetage erwartet eine Zusage. Was passiert, wenn ich sie mit meinem Nein brüskiere? Und außerdem könnten wir das Geld gut brauchen.

Soll ich es wagen? Oder besser nicht? Ihn ansprechen, einfach so? Den ersten Schritt machen, ihn fragen, ob er die gleichen Gefühle empfindet wie ich?

Ist die Zeit überhaupt dafür reif, eine neue Beziehung einzugehen? Das letzte Mal ging es schief, und das will ich nicht noch einmal erleben.

Schon lange träume ich davon, einmal nach Indien zu reisen. Aber was, wenn mir das Land gar nicht gefällt? Außerdem habe ich schon mehrfach gehört, dass eine solche Reise nicht ganz ungefährlich ist. Und wie wird es sein, wenn ich dort alleine unterwegs bin? Was, wenn ich krank werde und Hilfe brauche?

Wer kennt solche Situationen nicht? Da hegt man schon lange einen Traum und traut sich dann doch nicht, loszugehen. Man dürstet nach Nähe, zeigt dies aber nicht, aus Angst, erneut enttäuscht zu werden. Man leidet unter einem Alltag, der einem die Luft abschnürt – und bleibt doch lieber im vertrauten Unglück hocken, als sich auf unbekanntes Gelände vorzuwagen. Viele leben ihren Alltag so, wie er sich »irgendwie« ergeben hat.

Ich möchte Sie mitnehmen auf eine Reise in die Tiefe der Seele. Dorthin, wo die unstillbare Sehnsucht lodert, mutig zu leben. Wo eine Stimme in uns spricht: *Trau dich, es ist dein Leben!* Dein einmaliges, kostbares Leben.

Als Reisende, so verstehe ich mich selbst. Auch ich kenne Situationen, in denen ich vor einer wichtigen Entscheidung zurückscheue. In denen ich zu viel auf fremde Ratschläge und zu wenig aufs eigene Herz höre. Selbst beim Schreiben dieser Zeilen kommen mir Zweifel, ob ich mich zeigen kann mit dem, was ich da formuliere …

Ich kenne aber auch das Glück, das darin liegt, unerschrocken zu leben. Einmal stand für mich eine große Entscheidung an.

»Du lässt alles hinter dir zurück, um dich einer Ordensgemeinschaft anzuschließen – dabei fühlst du dich privat und beruflich doch pudelwohl. Hast du keine Angst davor, am Ende falschzuliegen und die Gemeinschaft wieder zu verlassen? Hast du keine Angst vorm Scheitern?« Oft haben mir Studierende diese Frage gestellt, als ich meine Arbeit an der Universität beendete und alle Zelte hinter mir abbrach, um in die Ordensgemeinschaft der Salvatorianerinnen einzutreten.

Diese Fragen hallten in mir nach wie ein Echo meiner eigenen Ängste. Und sie verstärkten sie noch! »Was ist«, so wisperte eine Stimme in mir, »wenn du im Lauf der Zeit feststellen musst, dass das Leben als Ordensfrau nicht zu dir passt? Dann kannst du deine Sachen packen und musst irgendwo wieder von vorne anfangen. Und auch das spöttisch mitleidige Lächeln jener ertragen, die es immer schon besser wussten. Willst du dieses Risiko wirklich eingehen?« Eine andere Stimme malte mir in schönsten Farben aus, in welch guten Bahnen mein Leben seit geraumer Zeit verlief. Und in der Tat: Ich hatte eine herausfordernde Arbeitsstelle, die meinen Begabungen und Interessen entsprach. Ich fühlte mich in meinem Freundeskreis zu Hause, unternahm viel, hatte eine schöne Wohnung und führte ein Leben in großer Freiheit. Ein glückliches Leben! Jetzt all das aufgeben für einen Aufbruch, von dem ich nicht sicher wusste, wohin er mich führt? Bin ich verrückt?!?

Vor allem aber saß mir die Angst im Nacken, wie groß mein Schmerz sein würde, wenn mein lang gehegter Lebenstraum sich als Seifenblase erweisen sollte. Was, wenn alles zerplatzt und nur Leere übrig bleibt? Ja, was dann? – Ich konnte darauf keine Antwort geben.

Natürlich: Was im Vorfeld einer solch weitreichenden Entscheidung in Blick zu nehmen war, hatte ich geklärt. Und ich kannte mich gut genug, um zu wissen, dass es viele Gründe gab, diesen Aufbruch zu wagen. Doch den Ausschlag gab etwas anderes. Ich wusste: Wenn ich jetzt nicht auf mein Herz höre und mich auf den Weg mache, dann werde ich mich in einigen Jahren mit der Frage herumschlagen, ob ich nicht eine Chance verpasst habe und an einer besseren Möglichkeit meines Lebens vorbeilebe – an einer Möglichkeit, die unwiderruflich vorübergegangen ist. Ob ich nicht hinter dem zurückgeblieben bin, wofür ich eigentlich stehen und wie ich leben will. Und mit diesem nagenden Zweifel wollte ich nicht leben! Ich wagte den Aufbruch ins Unbekannte.

Den Mutigen winkt das Leben

Im Alltag aller Menschen gibt es zahlreiche Momente, die zur Mutprobe werden. Einige Beispiele: Da wagt ein Student, in einem Seminar eine Frage zu stellen, auch wenn er sich dadurch die Blöße gibt, das Ganze nicht richtig verstanden zu haben. Da reduziert eine Frau ihren Stellenumfang, um mehr Zeit für sich und ihren Partner zu haben. Da möchte ein Pensionär gerne einen Tanzkurs besuchen, aber seine Furcht, eine blöde Figur zu machen, hält ihn davon ab.

Mut beginnt nicht erst bei nobelpreisverdächtigen Großtaten (die ohnehin höchst selten vorkommen). Sein eigentliches Revier ist der konkrete Alltag!

Egal, ob wir eine weitreichende Entscheidung treffen, jemandem unsere Liebe eingestehen, in einer Konferenz eine unkonventionelle Idee präsentieren oder einen schwer kranken Menschen besuchen – in all diesen Situationen sind wir mutig. Denn ob die Entscheidung sich als richtig erweist oder alles eine ganz andere Wendung nimmt. Ob unsere Liebe erwidert wird oder im Leeren verhallt. Ob unsere Idee vom Team aufgegriffen oder belächelt wird. Ob der Besuch bei einem Schwerkranken uns überfordert oder bereichert – all das entzieht sich unserer Kontrolle und ist ein Geschehen mit offenem Ausgang.

Daher braucht es in diesen Augenblicken Mut. *Mutig sein* bedeutet: Wir bringen uns selbst ins Spiel. Wir machen uns emotional berührbar; wir lassen uns auf etwas ein, dessen Ausgang ungewiss ist. Und wir gehen damit zugleich das Risiko ein, enttäuscht oder verletzt zu werden.

Und das bedeutet auch: In dem Maß, in dem wir uns ins Leben hineinwerfen, riskieren wir, dass wir uns Schrammen und blaue Flecken holen. In dem Maß, in dem wir auf der Bildfläche des Lebens auftauchen, anstatt unter dem Radarschirm zu fliegen, laufen wir Gefahr, dass wir verletzt werden. Und dies ängstigt – denn niemand will verwundet werden!

In meinem Leben nimmt das Thema Mut einen hohen Stellenwert ein. Mal wünsche ich mir mehr Einsatzfreude und bete darum. Mal halten meine Bedenken und Ängste mich im Griff. Etwa wenn ich vor einer wichtigen Entscheidung stehe. Oder wenn ich mit meiner Meinung hinterm Berg halte, weil sie vermutlich nicht gut ankommen würde. Und ebenso gibt es Situationen, in denen mich eine dankbare Zufriedenheit erfüllt, weil ich mich mutig zu mir und meinen Überzeugungen bekannt habe. Allein dies schmeckt nach echtem Leben!

Mein Streben nach Mut halte ich für nichts Außergewöhnliches. Im Gegenteil: *Jede und jeder will mutig sein!*

Und dies aus gutem Grund. Denn nichts hinterlässt einen schaleren Nachgeschmack als der Eindruck: Ich bleibe Zuschauerin im eigenen Leben und lasse es auf diese Weise an mir vorüberziehen – weil ich mutlos bin. Ich lasse mich auf dem Beifahrersitz durch mein Leben kutschieren – während andere die Richtung vorgeben. Der Wunsch nach Sicherheit oder das ängstliche Schielen, was andere von einem denken, lähmen.

Vor allem aber ist Mut so bedeutsam, weil er uns die Tür zum Leben öffnet! Das beginnt bereits beim Laufenlernen: Es fasziniert mich immer wieder, mit welcher Beharrlichkeit Kinder dies üben. Bis zu dem Tag, an dem sie alleine ihre ersten Schritte gehen können, sind sie zigfach hingefallen, und manche Pflaster zierten ihre Hände, Knie und Ellenbogen. Mit ihrer Bereitschaft, zu stürzen und sich wehzutun, erschließen sie sich einen neuen Lebensradius. Ähnlich verhält es sich in allen anderen Augenblicken, in denen uns das Leben lockt: Fassen wir den Mut, nicht auf Nummer sicher zu gehen, sondern Neues zu wagen und uns einzubringen, dann können wir das Glück eines couragierten Lebens erfahren.

Dieses Buch handelt vom *Glück,* das darin liegt, beherzt zu leben. Es handelt von der *Kunst, mutig zu sein* – eine Kunst, die den Mut zur *Verletzbarkeit* in sich einschließt. Und es handelt von der *Angst,* die uns vor Leichtsinn und Tollkühnheit warnt und uns schützt – die uns aber auch am Leben hindern kann. Ja, die das Leben zu zerstören vermag.

»Hast du keine Angst davor, zu scheitern?«, fragten mich die Studierenden bei meinem Abschied von der Universität. Mir war bei meinem Aufbruch vor vielem bange. Zum Beispiel davor, dass ich mich in der Ordensgemeinschaft nicht heimisch fühlen würde, oder dass mir der Lebensrahmen auf Dauer zu eng wird und die Luft abschnürt. Aber ich hatte nicht die Befürchtung zu scheitern. Den Aufbruch gar nicht erst zu wagen, das hätte für mich nach Kapitulation und Scheitern geschmeckt.

Wir haben jeden Augenblick neu die Wahl: Wir können am Ufer sitzen bleiben oder uns mit unserem Lebensschiff aufs Wasser hinauswagen. Natürlich lockt das sichere Ufer. Denn dort haben wir festen Boden unter den Füßen. Wir vermeiden das Risiko, zu kentern oder uns zu verletzen. Vor allem aber könnten wir uns am Ufer weiterhin hingebungsvoll der Aufgabe widmen, die Sicherheitsstandards unseres Bootes zu perfektionieren. Denn schließlich wollen wir ja eines Tages hinausrudern! Doch das Fatale ist: Wer auf ein »Rundum-sorglos-Paket« spekuliert, wartet auf den Sankt-Nimmerleins-Tag!

Woher den Mut nehmen, sich aufs Wasser zu wagen, wenn einem die Angst im Nacken sitzt? Der bloße Appell, mutiger zu sein, verhallt wirkungslos. Und darüber hinaus vermittelt er den Eindruck, dass man mit seinen Gefühlen nicht ernst genommen wird.

Beherzt leben können wir in jenem Maß, in dem wir unsere Angst wahrnehmen, verletzt zu werden. Wenn wir uns dieser Angst stellen, *und* wenn wir ihr nicht die Deutungshoheit über unser Leben geben. Ihr nicht das letzte Wort überlassen. Kurz gesagt: *Mut ist, wenn anderes wichtiger wird als unsere Angst!* Wer mutig seine Angst durchwatet, wird die Erfahrung machen: Ich spüre Lebendigkeit, wenn ich mich ins Tiefe wage und dem Strom des Lebens überlasse. Solche Erfahrungen stärken wiederum das Vertrauen hinauszupaddeln. Gerade an einem Tag, der Angst macht. Es ist das Leben selbst, das fragt: Bist du mit an Bord?

2. Stolperstein: Sicherheitsstreben

Seit jeher träumt die Menschheit davon, unverwundbar zu sein. Zahlreiche Mythen und Märchen aus uralter Zeit, aber auch Science-Fiction-Filme erzählen von Siegertypen und unschlagbaren Helden. Doch es bleibt nicht bei diesem Traum. Immer schon unternehmen die Menschen größte Anstrengungen, um Stamm, Sippe, Gesellschaft und das eigene Leben zu schützen. Heute kennzeichnet der Megatrend Sicherheit unsere Welt: vorgeburtliches Screening, um jedes Risiko auszuschließen; in Windeln eingebaute Chips, um per Smartphone Ausscheidung und Herzschlag des Säuglings zu kontrollieren; Banken, die dem Kind schon den Finanzierungsplan für die Altersvorsorge in die Wiege legen. Eine boomende Versicherungsbranche, die uns für jeden Ernstfall des Lebens abzusichern verspricht.

Doch das Dasein ist von mehr Ungewissheiten und Chaos durchsetzt, als wir uns eingestehen wollen. Bereits Kleinigkeiten konfrontieren einen damit, dass man nicht alles in der Hand hat: ein verregneter Urlaub trotz der im Katalog versprochenen »Insel des ewigen Frühlings« oder ein nerviger Kollege, mit dem man sich ab jetzt das Büro teilen muss. Eigene Launen, die einen bisweilen vor sich hertreiben, oder die Schlaflosigkeit, welche den Alltag in eine einzige Anstrengung verwandelt. Niemand ist davor geschützt, dass Pläne und Gewohnheiten im Handumdrehen zunichtegemacht werden. Böse Überraschungen können über einen hereinbrechen – etwa der Verlust des Arbeitsplatzes, die bittere Erfahrung, hintergangen zu werden, oder der Unfall einer uns nahestehenden Person.

All dies zeigt: Ungeachtet aller Vorsichtsmaßnahmen lässt sich körperliche und seelische Verwundbarkeit nicht ausschalten wie ein fehlerhaftes Programm. Sie ist und bleibt in unser Leben eingeschrieben. Ja, sie gehört sogar zur Mitte unserer Existenz. Ob es uns passt oder nicht: Absolute Sicherheit erweist sich als eine Illusion!

Zentralverriegelung Angst

Das Streben nach Sicherheit wirkt sich oft verhängnisvoll aus. Denn wann ist sicher eigentlich sicher genug?!? Genügt ein weiteres Schloss gegen findige Einbrecher? Oder wäre nicht doch eine zusätzliche Alarmanlage angesagt? Reicht es, eine Schneeballschlacht auf dem Schulhof zu verbieten, oder birgt nicht jedes Kinderspiel potenzielle Gefahren? – Einer Rundumsicherheit kann man sich bestenfalls nur annähern. Selbst die höchste Lebensversicherung kann an der Tatsache nichts ändern, dass, statistisch gesehen, die Sterblichkeit der Menschen gegen hundert Prozent tendiert.

Auf gesellschaftlicher Ebene führt der Megatrend Sicherheit in manche Sackgassen und kann unsere Freiheit und Demokratie gefährden, dazu mehr im Kapitel sieben. Auf der individuellen Ebene behindert er Wachstum und Entfaltung. Etwa wenn ich nur das tue, was ich bereits gut kann, und von allem anderen die Finger lasse, um mir nicht die Pfoten zu verbrennen. Dann lerne ich keine neue Sprache, um mir nicht die Blöße zu geben, wie ein Fünftklässler rumzustammeln. Andere führen das Leben eines einsamen Wolfs. Um auf Nummer sicher zu gehen, lassen sie niemanden an sich heran. Oder sie gönnen sich erst dann Ruhe, wenn alle Aufgaben perfekt erledigt sind. Jede noch so kleine Schwäche muss ausradiert werden, um keine Angriffsfläche zu bieten.

Ob Sie diese oder andere Sicherheitsmaßnahmen aus Ihrem Leben kennen? Dann sind Ihnen vielleicht auch deren fatale Nebenwirkungen vertraut. *Die inneren und äußeren Mauern, die uns schützen sollen, schließen uns zugleich ein!* Sie verwandeln sich in ein Gefängnis.

Wer die »Zentralverriegelung Angst« dauerhaft aktiviert, schiebt allen tieferen Beziehungen einen Riegel vor. Derjenige, der sich einen wehrhaften Panzer aus Stärke und Überlegenheit zulegt, kann zweifelsohne nicht mehr so leicht getroffen werden. Aber den kann auch nichts oder niemand mehr berühren. Und wer in einer Rüstung steckt, kann niemanden umarmen.

Wenn wir Verwundbarkeit gegen Sicherheit eintauschen wollen, zahlen wir dafür einen hohen *Preis.* Gehen wir auf Sicherheitsabstand zu allem und jedem, dann leben wir nicht mehr in Tuchfühlung mit uns selbst und mit anderen. Viele Signale des Lebens vermögen uns nicht mehr zu erreichen. Schon bald werden sich Empfindungen einstellen wie: Mein Tag fühlt sich grau, kalt und leer an. Ich bekomme keinen Draht mehr zu meiner Umgebung. Nichts spricht mich an, und ich komme mir völlig überflüssig vor. Langeweile und Traurigkeit, Furcht oder Groll machen sich breit. Todsicher.

Natürlich, wir schulden es unserer Verletzbarkeit und Selbstachtung, dass wir uns schützen! Aber ebenso gilt: Wir finden nur ins echte Leben hinein, wenn wir etwas wagen!

Nicht allein bei den ersten Gehversuchen braucht es Mut. Auch wenn wir den Kinderschuhen längst entwachsen sind und als Erwachsene durchs Leben gehen, bleibt das Risiko bestehen, dass wir stolpern und stürzen. Unser Dasein bringt Verwundbarkeit mit sich – ob wir wollen oder nicht. *Wir haben allerdings die Wahl, wie wir mit unserer Verletzlichkeit umgehen wollen!* Wir stehen vor der Entscheidung, ob wir unser Leben vorbeugend einwattieren, um nirgendwo anzuecken. Ob wir unsere Berührbarkeit bemänteln, indem wir ein cool-distanziertes Gehabe pflegen oder uns mit Wissen und Macht brüsten, um andere auf Abstand zu halten. Oder ob wir bereit sind, unsere Verletzbarkeit zuzulassen.

An dieser Stelle möchte ich betonen, dass wir Menschen *im Allgemeinen* einen solchen Freiheitsspielraum haben, mit unserer Verletzbarkeit umzugehen. Dieser kann weiter oder enger ausgeprägt sein. Doch es gibt auch Personen, für die jeder Regentropfen wie ein Peitschenhieb wirkt. Solche hochsensiblen Menschen mit ihrer spezifischen Begabung und Not müssen sich in besonderer Weise schützen – etwa indem sie genügend Ruhepausen in den Alltag einplanen. Andere können aufgrund traumatischer Erfahrungen nur sehr eingeschränkt oder gar nicht mit ihrer Verletzlichkeit aktiv umgehen. Sie erleben sich als ausgeliefert. In solchen Situationen kann eine Therapie helfen, mehr Boden unter die Füße zu bekommen und eine neue Freiheit zu gewinnen.

Doch ob der eigene Spielraum größer oder geringer ausfallen mag – unabhängig davon hat C. G. Jung, Schweizer

Psychiater und Begründer der analytischen Psychologie, betont: Es gibt viele unnötige Leiden, weil wir uns weigern, das »berechtigte Leiden« zuzulassen, das unser Menschsein mit sich bringt. Denn wenn wir uns gegenüber dem unvermeidbaren Schmerz abschotten, führt dies auf lange Sicht zu viel größerem Schmerz.

In vielen Beratungsgesprächen finde ich diesen Zusammenhang bestätigt. Eindrücklich etwa jener erfolgreiche, vor Kraft strotzende Mann, der am Ende einer spirituellen Schweigewoche mit belegter Stimme erzählt: »Ich habe erkannt, dass ich all die Jahre Angst vor meiner Verletzlichkeit hatte. Ohne dass ich es bemerkt habe, war ich ständig auf der Flucht vor ihr. So habe ich dauernd versucht zu gefallen und niemanden wirklich an mich herangelassen. Ich habe nicht gewagt zu lieben.« In seinem Versuch, sich gegen Schmerz und Enttäuschung abzuschotten, hatte dieser Mann ungewollt auch den heiß ersehnten Gefühlen von Geborgenheit und Liebe einen Riegel vorgeschoben. Das zu spüren tat weh!

Um nicht verletzt zu werden, legt es sich nahe, Schutzmauern um sich herum zu errichten. Doch wer sich nicht traut, das Gehäuse seines auf Sicherheit bedachten *Ich* zu verlassen, bleibt mit sich allein. Wem der Mut fehlt, sich ins Spiel zu bringen, sich auf Ungewisses einzulassen und emotional zu öffnen, verbaut sich den Zugang zu einem sinnerfüllten Leben. Wer nicht riskiert, sich verletzbar zu machen, hat in der Tat verloren!

Hier deutet sich eine Einsicht an, die im Verlauf des Buches konkret entfaltet wird: Die menschliche Verwundbarkeit bildet das Einfallstor für Schmerz und Leid. Daher gilt es, uns zu schützen. Und es ist wichtig, dass wir auch andere schützen – insbesondere jene, die sehr verletzbar sind. Eine andere Facette ist jedoch weitgehend unbekannt: Unserer Verletzlichkeit wohnt eine *humane Kraft* inne. Berührbarkeit und damit auch die Risikobereitschaft, schmerzlich enttäuscht zu werden, stehen am Ursprung unserer vitalsten Erfahrungen! Dies gilt auch für das ersehnte Gefühl der Freude.

3. Sich ungetrübt freuen

Sich vorbehaltlos zu freuen fällt manchmal nicht leicht. Eine Studentin berichtet: »Ich fahre leidenschaftlich gerne Mountainbike, besonders am frühen Morgen, wenn alles noch ganz still ist. Wenn ich dann oben auf dem Berg ankomme, raubt mir der Blick in die Weite manchmal den Atem, so schön ist es. Doch dann passiert etwas, mit dem ich nicht klarkomme: Wie aus dem Nichts zieht sich in mir etwas schmerzhaft zusammen, ich werde unruhig, und meine Freude ist wie weggeblasen.«

Oft erzählen Eltern, dass sich ihnen gerade in jenen Momenten Unglücksfantasien aufdrängen, in denen sie von einer tiefen Freude über ihre Kinder erfasst werden. Ein junger Vater: »Ich stehe am Bett meiner schlafenden Tochter und lausche ihrem ruhigen Atem. Liebe durchflutet mich. Dankbarkeit und Glück. Doch plötzlich durchzuckt mich der Schreck, dass ihr etwas Fürchterliches zustoßen könnte: ein Übergriff auf dem Schulweg, ein Unfall. Und ich spiele gedanklich den Anruf der Polizei durch …«

Kopfkino als Freudenkiller

Es ist merkwürdig: Einerseits sehnen sich alle Menschen nach Freude. Andererseits melden sich gerade in Momenten großen Glücks häufig Befürchtungen zu Wort und schmälern die Begeisterung. Sind auch Sie schon einmal darüber gestolpert, dass Ihr Hirn in Augenblicken puren Glücks wie von selbst Unglücksszenarien vor Ihrem geistigen Auge ablaufen lässt und dadurch Ihre Freude mindert? Mir passiert dies regelmäßig. Wenn mir als Jugendliche dieses Kopfkino bewusst wurde, habe ich es als peinliche Dummheit abgetan. Und ich habe niemandem davon erzählt, denn ich dachte, dass ich bestimmt die Einzige sei, die so komisches Zeug denkt. Was für eine Entlastung, als ich mitbekommen habe, dass ich mit meinen Katastrophenfantasien nicht allein dastehe, sondern dass die meisten so etwas kennen. Vor allem aber ging mir etwas auf, als ich mir die Frage stellte: Was geschieht da eigentlich? Und woher in aller Welt kommt das?

In Augenblicken großer Freude meldet sich oft auch unsere Verletzbarkeit zu Wort. In Momenten echten Glücks, in denen einfach alles passt, erleben wir die Zerbrechlichkeit vielleicht umso deutlicher: Ich kann diesen Moment – das ausgelassene Lachen mit meinem Partner, das gute Gespräch, den vertrauten Klang einer Lieblingsmelodie – nicht festhalten. Die Menschen, die mir viel bedeuten, sind zerbrechlich und vergänglich. Wie alles, was ich aufgebaut habe. Und wie ich selbst. Mit einem Schlag kann mir alles genommen werden.

Es ist also die Angst vor der Verletzlichkeit, die dazu führt, dass wir unserem Glück nicht trauen. Wir fürchten, dass die Freude bald der Enttäuschung weichen wird. Oder noch schlimmer: dass sie das Unglück magisch anzieht.

Bei genauerem Hinsehen zeigt sich somit: Die Unglücksfantasien, die sich in Momenten großer Freude manchmal wie von selbst einstellen, wollen uns vor unserer Verwundbarkeit schützen. Wir versuchen, dem Unglück mental zuvorzukommen: Um nicht aus heiterem Himmel blitzartig vom Schmerz getroffen zu werden, trüben wir die Freude durch finstere Fantasien vorsorglich ein. Um nicht kalt erwischt zu werden, kühlen wir die Freude sicherheitshalber ab – in der Hoffnung, dadurch mit einem möglichen Umschwung besser zurechtzukommen. Und je mehr wir uns auf Schlimmes gefasst machen, umso weniger werden wir aus der Fassung geraten, wenn dieses tatsächlich eintreten sollte.

Doch mit diesem – meist unbewussten – Selbstschutz stellen wir uns in mehrfacher Hinsicht selbst ein Bein. *Erstens:* Wenn wir unsere Freude schmälern, bereiten wir uns gerade nicht auf Verluste oder Enttäuschungen vor, sondern schwächen unsere Lebenskraft. *Zweitens:* Wer sich bevorzugt den möglichen Super-GAU ausmalt, vergällt sich nicht nur das Glück des Augenblicks, sondern quält sich bereits hier und jetzt. Dies ist an sich schon wenig sinnvoll. Die meisten Befürchtungen entpuppen sich darüber hinaus im Nachhinein oft auch noch als pure Hirngespinste. Und *schließlich:* Wenn tatsächlich etwas Befürchtetes passieren sollte, dann schmerzt es, die glücklichen Momente, die nun unwiederbringlich vorübergegangen sind, nicht in vollen Zügen genossen zu haben.

In diese Richtung geht die Erzählung eines Mannes: »Mein Lebensmotto lautete bislang: Mach dich auf das Schlimmste gefasst! Denn wenn es eintrifft, bist du vorbereitet und kommst leichter damit klar. Und wenn es ausbleibt, umso besser. Dann bist du angenehm überrascht.

Doch es kam ganz anders: Vor einem Jahr ist meine Frau bei einer gemeinsamen Radtour durch die Alpen von einem Motorrad erfasst und getötet worden. Natürlich war ich in keinster Weise auf diesen Schock vorbereitet. Vor allem aber trauerte ich um all die wunderbaren gemeinsamen Augenblicke, die ich die ganze Zeit nur so halbherzig genossen hatte.«

Freude: schöner Götterfunken

Ob Sie jemanden über alle Maße lieben, in eine Musik eintauchen oder sich in anderer Weise einfach der Freude hingeben – in all diesen Momenten lassen Sie sich zugleich auf Ihre Verletzlichkeit ein. Denn Sie haben diesen Augenblick nicht in der Hand! Daher geht Freude oft damit einher, dass sie ein inneres Zittern auslöst, und manchmal überläuft einen dann sogar eine Gänsehaut. Dieses spontane Fühlen lässt sich kaum beeinflussen. Doch die alles entscheidende Weichenstellung liegt ohnehin woanders: nämlich darin, *wie* wir diesen Schauder *deuten* und mit ihm *umgehen*.

Wie deuten Sie das innere Beben, das in Augenblicken der Freude manchmal wie ein Echo mitschwingt? Vielleicht flüstert in solchen Momenten eine misstrauische Stimme in Ihnen: »Das ist doch viel zu schön, um wahr zu sein!« (Warum eigentlich?) Möglicherweise interpretieren Sie den Schauder als einen Warnschuss, der Sie einschüchtert: »Das ist nicht das wahre Leben! Warte nur ab, das dicke Ende kommt bestimmt!« Vielleicht begreifen Sie ihn aber auch als einen Hinweis, dankbar zu sein: für den faszinierenden Blick in die Weite, wenn Sie auf dem Berggipfel stehen, und für die Kraft Ihres Körpers. Für den Menschen an Ihrer Seite oder einfach für den gegenwärtigen Augenblick.

Es könnte gut sein, dass sich in Ihnen – manchmal je nach Tagesverfassung – verschiedene dieser Stimmen zu Wort melden. Dies braucht Sie nicht zu beunruhigen, denn so geht es den meisten. Vor allem aber gilt: Es liegt eine große Chance darin, wenn einem diese verschiedenen Stimmen bewusst werden. Denn nun kann man sich fragen: Wem will ich in diesem Augenblick (mehr) Glauben schenken: meiner Furcht, die mir das Heute stiehlt, indem sie mich das Morgen fürchten lehrt? Meinem Argwohn, der mir zuraunt, dass das Leben immer wieder ein mieser Verräter ist und man dem wunderbaren Augenblick nicht trauen kann? Oder meiner Dankbarkeit, dass sich mir hier und jetzt das Leben in seiner Schönheit zeigt? Dass es sich mir in einer unerwarteten Fülle schenkt?

Im Lauf der Jahre haben sich für mich einige persönliche Leitsätze herauskristallisiert, an denen ich mich orientieren will. Einer davon lautet: *Ich will meinem Vertrauen mehr Glauben schenken als meiner Angst.* Das gelingt unterschiedlich gut, und ich muss immer noch lernen, mit diesem Wechselbad der Gefühle nüchtern zu rechnen. Vor allem aber weiß ich: Jeder Tag bietet unzählige Gelegenheiten, im Vertrauen zu wachsen und mich nicht von Angst einschnüren zu lassen. In Situationen wie den gerade beschriebenen kann das bedeuten: Ich male mir die möglichen Probleme und Unfälle nicht in allen Farben aus, sondern richte meine Aufmerksamkeit auf das Hier und Jetzt. Wenn Freude in mir aufsteigt *und* zugleich Verlustängste mir diese madigmachen wollen, dann versuche ich, meinem Kleinmut keine Deutungshoheit über mein Leben zu geben. Und ich überlasse mich der Freude im Vertrauen darauf, dass diese einen guten Grund hat.

An dieser Stelle wird verständlich, warum empirische Untersuchungen zeigen, dass viele Menschen Freude und

Dankbarkeit auch als eine spirituelle Erfahrung beschreiben. Sie vertrauen sowohl auf die Verbundenheit mit anderen als auch mit einer höheren positiven Kraft, die sie übersteigt. In der jüdisch-christlichen Tradition, in der ich beheimatet bin, drückt sich dieses Vertrauen in der Hoffnung aus, dass sich die ganze Welt einem schöpferischen göttlichen Geheimnis verdankt. Und dass es gut ist, ein Teil dieser Welt zu sein.

Wegweiser zur Freude

Wie können wir in unserem Alltag der Freude (mehr) Raum geben? Und falls uns diese zeitgleich unsere Zerbrechlichkeit in Erinnerung ruft: Was hilft, sich dennoch dem Strom der Freude zu überlassen? Drei Anregungen:

Der Charme des Unscheinbaren

Freude entsteht in ganz *gewöhnlichen* Augenblicken. Natürlich werfen Höhepunkte ein besonderes Licht auf unser Leben. Aber wer seine Aufmerksamkeit nur auf diese außergewöhnlichen Momente richtet, verpasst die lichten Seiten des Alltäglichen. Und gerade die kleinen Freuden bringen Glanz ins Leben.

Das wird besonders spürbar, wenn wir nach einer schweren Krankheit wieder auf die Beine kommen oder ein geliebter Mensch bei einem Unfall einigermaßen heil davongekommen ist. Nach solchen Erfahrungen gewinnen unscheinbare Ereignisse oft eine große Bedeutung: der Duft frisch gebrühten Kaffees, ein gemeinsamer Kinobesuch, ein anregendes Buch, wärmende Sonnenstrahlen im Gesicht …

Ich persönlich beschäftige mich gedanklich jedoch mit Vorliebe mit den Problemzonen – sei es im Blick auf den Körper; sei es, wenn es in der Arbeit nicht so gut läuft oder sich privat Schwierigkeiten auftürmen … Dieser Negativfokus hat viele, durchaus auch sinnvolle Gründe. Das Problem liegt in der Einseitigkeit, und hier hilft ein bewusstes Gegensteuern. Etwa: Statt ständig darüber nachzudenken, was wir an uns und unserem Umfeld »reparieren« wollen, können wir uns täglich einfach einen Moment Zeit gönnen, um das zu bewundern, was keiner Reparatur bedarf.

Es muss nichts Außergewöhnliches geschehen, um einfach stehen zu bleiben und den Duft einer Rose zu genießen. Es braucht nur einen Moment ungeteilter Aufmerksamkeit für das, was am Wegesrand blüht. Und mitten im Alltagsgetriebe kann uns ein freundlicher Blick erreichen – wenn wir dafür wach und berührbar sind.

In regelmäßigen Abständen richte ich meine Aufmerksamkeit bewusst auf meinen *Körper*. Denn schlicht gesagt, hat er einen undankbaren Job. Meistens wird der Körper nämlich erst dann zum Thema, wenn er nicht so funktioniert, wie er soll. Doch was er einem tagtäglich ermöglicht, fällt weitgehend unter den Tisch. Dabei ist das Wunder unserer normalen Existenz weit mehr, als wir überhaupt fassen können! Ständig sendet unser Körper diverse Signale und reguliert auf diese Weise sein Gleichgewicht. Das wenigste davon dringt ins Bewusstsein. Und das ist ein Segen! Stellen Sie sich einmal vor, dass Sie selbst dafür Sorge tragen müssten, dass Ihr Herz regelmäßig schlägt oder dass Sie Ihre Zellen mit genügend Sauerstoff versorgen … Um mich persönlich sähe es in diesem Fall sehr schlecht aus, allein wenn ich daran denke, wie oft ich vergesse, wo ich mein Handy oder meine Schlüssel hingelegt habe.

Folgende Übung kann die Sensibilität für den eigenen Körper vertiefen:

Ich suche einen ruhigen Ort auf und setze mich bequem hin. Nun führe ich mir vor Augen, wie mein Körper ohne mein aktives Zutun permanent höchst komplexe Vorgänge vollzieht. Etwa die Atmung, den Pulsschlag oder die Verdauung. Ich kann mir die Selbstheilungsmechanismen meines Körpers vor Augen führen: Dass er Wunden heilen oder gebrochene Knochen wieder zusammenwachsen lässt. Und ich kann mir vergegenwärtigen, was mir meine Augen, Ohren, meine Hände und Beine, mein Tast- und Geschmackssinn alles ermöglichen.

Vielleicht komme ich ins Staunen über das, was mein Körper so tagtäglich leistet ... Möglicherweise steigt Dankbarkeit in mir auf ...

Das beste Wort

Selbst wenn folgende Geschichte erfunden sein sollte, lohnt es sich, sie hier noch einmal zu erzählen: Der amerikanische Journalist Hunter S. Thompson ist berühmt für ungewöhnliche Recherchen. Um einen authentischen Bericht über die »Hell's Angels« zu schreiben, verbrachte er ein ganzes Jahr mit den Rockern. Seine Honorarforderung: zwölf Dollar pro Wort. Als dies bekannt wurde, schickten ihm Studenten aus Spaß einmal zwölf Dollar. Dafür solle er ihnen sein bestes Wort zukommen lassen. Es kam postwendend: »Danke!«

Und wie lautet Ihr bestes Wort?

Als Jugendliche habe ich das Gedicht »Wünschelrute« von Joseph von Eichendorff auswendig gelernt. Es beginnt so: »Schläft ein Lied in allen Dingen, die da träumen fort und fort, und die Welt hebt an zu singen, triffst du nur das Zauberwort.«

Oft habe ich über das Zauberwort nachgedacht, das die Welt zum Singen bringt. Und ich war überrascht, als mir vor einiger Zeit ein Tagebucheintrag von Franz Kafka in die Hände fiel, der eine ähnliche Überzeugung zum Ausdruck bringt.

Kafka notiert: »Es ist sehr gut denkbar, dass die Herrlichkeit des Lebens um jeden und immer in ihrer ganzen Fülle bereitliegt, aber verhängt, in der Tiefe, unsichtbar, sehr weit. Aber sie liegt dort, nicht feindselig, nicht widerwillig, nicht taub. Ruft man sie mit dem richtigen Wort, beim richtigen Namen, dann kommt sie. Das ist das Wesen der Zauberei, die nicht schafft, sondern ruft.«[2]

Im Leben jeder Person gibt es Augenblicke, in denen sie etwas unwahrscheinlich anrührt. Intensive Momente, in denen man spürt, was das Leben in seiner Tiefe bedeutet. Worauf es ankommt. Und dass alles irgendwie in Ordnung ist. Vielleicht ist es die Geburt eines Kindes. Das Rauschen des Windes. Der Augenblick, in dem es still wird in einem, wirklich still …

Dankbarkeit erscheint mir als ein Wort, das diese verborgene »Herrlichkeit des Lebens« beim Namen ruft. Denn sie weckt die Erinnerung an etwas, was sonst vergessen würde. Sie bringt ans Licht, was ohne sie nicht sichtbar wäre: Jene Augenblicke, in denen die Schönheit des Lebens aufleuchtet. Dankbarkeit bewirkt, dass wir den Tag spontan, hier und jetzt – noch *vor* dem Abend! – loben können.

Glaube lässt tief blicken

Die christliche Tradition ist davon überzeugt, dass alle Menschen spirituell begabt sind. Und dass jeder – vielleicht auch nur eine Sternschnuppe lang – erahnen kann:

Ich bin aufgehoben in einem großen Zusammenhang, der mich und alles von innen her trägt. Ein Zusammenhang, der Liebe heißt. Die Bibel drückt dies mit den Worten aus: In Gott leben wir, bewegen wir uns und sind wir. (vgl. Apostelgeschichte 17,28)

Der Glaube vermag uns die Augen zu öffnen für dieses *göttliche Milieu,* in dem wir uns immer schon bewegen. Er wirkt wie eine 3-D-Brille, die uns die Tiefendimension des Lebens erschließen kann. Und spirituelle Übungen gleichen Sehhilfen, damit wir präsent und wach werden für die »Herrlichkeit des Lebens«, die jederzeit und für jeden in ihrer ganzen Fülle bereitliegt.

Manchmal haben Christen versucht, an den zerbrechlichen und wunden Stellen des Lebens Gott als »glatte Lösung« zu präsentieren. Nach dem Motto: »Wenn du nur richtig glaubst, ist das alles kein Problem.« Theologisch betrachtet, greift dies natürlich zu kurz. Aber ich will noch auf etwas anderes hinaus: Das Vertrautmachen mit dem göttlichen Geheimnis darf nicht primär an den wunden Punkten des Lebens ansetzen. Dietrich Bonhoeffer betont in seinen Tagebuchaufzeichnungen aus der Haft, Gott vor allem auch in der Erfahrung der Fülle und Lebendigkeit zu suchen. Er schreibt: »Ich möchte von Gott nicht an den Grenzen, sondern in der Mitte, nicht in den Schwächen, sondern in der Kraft, nicht also bei Tod und Schuld, sondern im Leben und im Guten des Menschen sprechen.«[3]

Selbstverständlich halten wir nach einem rettenden Ufer Ausschau, wenn uns das Wasser bis zum Hals steht. Not kann Beten lehren. Doch ebenso berühren wir das göttliche Geheimnis, wenn wir Lebenskraft in uns spüren und frohe Feste feiern – denn LEBEN und FREUDE sind Namen Gottes. Wer echte Freude am Leben spüren kann, ist dem göttlichen Geheimnis auf der Spur.

Freude ist keine einfache Emotion. Denn wenn uns Freude innerlich weit und weich macht, sind wir zugleich auch verletzbar. Dieser Zusammenhang gilt grundsätzlich: Wer sich in einer offenen, berührbaren Haltung auf das Leben einlässt, setzt sich unvermeidlich der Gefahr aus, schmerzhaft getroffen zu werden. Fühlen heißt, verletzlich zu sein!

Verwundet zu werden schmerzt. Ich persönlich habe Verletzlichkeit daher über lange Zeit mit dunklen Empfindungen verbunden: mit Verzweiflung und Enttäuschung, mit Trauer, Scham oder Ohnmacht. Kein Wunder, dass ich sie gehasst habe wie die Pest. Doch im Lauf der Jahre wurde dieses negative Bild immer stärker infrage gestellt. Mir dämmerte: Verletzlichkeit steht auch am Ursprung jener Emotionen und Erfahrungen, nach denen ich dürste. Es ist die gleiche weiche Seite an mir, der auch Liebe und Zugehörigkeit, Freude und Solidarität, Kreativität und Hoffnung entspringen. Denn ganz gleich, ob ich mich in die Freude hineinfallen lasse, eine enge Freundschaft eingehe oder für eine Sache leidenschaftlich kämpfe – in all diesen Situationen riskiere ich mich und lasse zu, dass ich enttäuscht oder verletzt werden kann.

Auch für Sie gilt: Wenn Sie sich nicht nur auf der Benutzeroberfläche der Welt bewegen möchten, sondern wenn Sie Gemeinschaft mit anderen spüren und ein erfülltes Leben führen wollen, dann gibt es keinen Schleichweg an der Verletzlichkeit vorbei.

Doch mit der Verletzlichkeit ist das so eine Sache …

4. Stolperstein: Verletzlichkeit ist Schwäche

»Ey, du Opfer!«, wird einem jungen Mann von seinen Kumpels verächtlich nachgerufen. Er hatte in einer Auseinandersetzung Schwäche gezeigt und nicht dem Bild von harter, wehrhafter Männlichkeit entsprochen. Seit der Jahrtausendwende gilt in der – vor allem männlichen – Jugendsprache »Du Opfer!« als Schimpfwort. Wer sich verletzen lässt, ist ein Versager oder Loser, der von den anderen angegriffen, oder um es in deren Sprache zu sagen, »gedisst« wird.

»Du Opfer!« – diese Redewendung klingt wie ein fernes Echo jener Überzeugung, dass Verletzlichkeit eine Schwäche darstellt. Vermutlich gehört diese Wendung nicht zu Ihrem Wortschatz. Doch möglicherweise lohnt es sich, dass Sie einen kurzen Moment innehalten und sich fragen: Was verbinde ich mit dem Wort Verletzlichkeit?

Viele halten, mehr oder weniger bewusst, Verletzlichkeit für eine vermeidbare und peinliche Schwäche. Und sind davon überzeugt: Wer auch nur ein bisschen Mumm in den Knochen hat, überwindet sie! Schwach zu sein ist einfach nicht angesagt.

Doch die Annahme, dass Verletzbarkeit eine vermeidbare Schwäche sei, ist in zweifacher Hinsicht falsch. Zum einen lässt sich Verwundbarkeit nicht abschalten wie ein lästiges Störgeräusch. Sie gehört einfach zu uns. Erst wenn wir sie als Teil unseres Lebens anerkennen, werden wir mit verunsichernden und schmerzhaften Erfahrungen besser umgehen können.

Zum anderen: Verletzbarkeit zuzulassen hat mit Mut zu tun! Dies zu betonen und zu erläutern, scheint mir äußerst wichtig. Denn das Missverständnis, dass Verwundbarkeit eine vermeidbare Schwäche sei, hat fatale Folgen. Es führt dazu, dass die meisten sie noch mehr zu verdrängen suchen. Denn wer will schon als Schwächling gelten?

Wann warst du das letzte Mal mutig?

Dass Verletzbarkeit und Mut zusammenhängen, geht mir immer wieder auf, wenn ich mit Menschen über ihre großen Momente und Kämpfe ins Gespräch komme. Inspiriert durch eine Veröffentlichung von Brené Brown, bitte ich meine Gesprächspartner bisweilen darum, dass sie einen Satz weiterführen. Hier einige Antworten auf den Satzanfang: *Ich lasse Verletzlichkeit zu, wenn ich …*

- jemandem meine Liebe eingestehe, ohne zu wissen, ob sie erwidert wird
- mich auf meine Traumstelle bewerbe
- von zu Hause ausziehe und mein Leben nun selbst manage

- zu meiner Überzeugung stehe
- einen Menschen über alles liebe
- Verantwortung übernehme
- ein ehrliches Feedback gebe
- die Hand zur Versöhnung ausstrecke
- für jemanden einstehe und dafür kritisiert werde
- nach meiner Scheidung eine neue Beziehung eingehe
- eine Freundin besuche, die eine Fehlgeburt hatte
- mich entschuldige
- ein Tabuthema anspreche
- im Team eine Frage stelle, weil ich etwas nicht verstanden habe
- mich von Herzen freue
- jemandem vertraue
- Nein sage zu etwas, weil mich dies überfordern würde
- leidenschaftlich für etwas kämpfe
- meinen kranken Mann unterstütze, seine Patientenverfügung zu verfassen

Und wann lassen Sie Verletzlichkeit zu?

Die genannten Beispiele wirken weder hasenfüßig, noch wecken sie den Anschein von Schwäche. Vielmehr klingen sie nach echtem, wahrem Leben. In all diesen Situationen braucht es Mut. Denn je mehr wir uns einsetzen, umso stärker setzen wir uns auch aus. Wir machen uns angreifbar und schlagen uns möglicherweise mit Zweifeln und Ängsten herum. Und wir gehen das Risiko ein, verletzt zu werden.

Halb sicher und doch mit ganzem Herzen

Mut – darunter wird häufig verstanden, sich in außergewöhnlichen Situationen heldenhaft zu verhalten. Doch wie die genannten Beispiele zeigen, handelt es sich bei Mut um etwas viel Alltäglicheres.

Mut ist immer dann mit an Bord, wenn Sie sich zeigen und engagieren, ohne den Ausgang kontrollieren zu können. Ob Sie jeden Tag neu auf die Liebe des Partners oder der Partnerin bauen; ob Sie ehrlich zeigen, wie es Ihnen geht, oder ein Tabuthema ansprechen – in all diesen Situationen handeln Sie beherzt.

Einen interessanten Hinweis geben das französische und das englische Wort für »Mut«: *courage*. Es leitet sich ab von *cor* (lateinisch = Herz). *Mut* bedeutet also ursprünglich *beherzt leben*; sich ein Herz fassen; aus vollem und tiefem Herzen leben. Mutig sind wir, wenn wir die seelische Rüstung ablegen und offen ausdrücken, was uns am Herzen liegt. Wenn wir ins Spiel bringen, wofür wir stehen und wie wir leben wollen. Wenn wir uns etwas zu Herzen gehen lassen, anstatt cool oder gleichgültig über den Dingen zu stehen. Wenn wir uns mit Hingabe für etwas oder jemanden einsetzen, anstatt uns ängstlich und absichernd rauszuhalten.

Das Interessante ist: Steigen wir in ein solch couragiertes Leben ein, spielt es keine so große Rolle mehr, ob der eigene Einsatz von Erfolg gekrönt ist oder in eine Niederlage mündet. Was vor allem zählt, ist der Mut, sich *halb sicher und mit ganzem Herzen* dem Strom des Lebens zu überlassen – im Vertrauen, dass es gut ist, sich einzubringen mit dem, was man in sich spürt. Und als *die* Person, die man ist.

Auf diesen Mut kommt es an! Und ich bin überzeugt: Jede und jeder weiß, wie es sich anfühlt, mutig gewesen zu sein. Jeder hat eine sehnsuchtsvolle Ahnung von dem Glück, das darin liegt, entschieden zu leben.

KAPITEL ZWEI

ICHWÄRTS

VOM MUT ZUM EIGENEN LEBEN

Welche Farbe nimmt ein Chamäleon an, das in ein Spiegelkabinett gesetzt wird? Bleibt das Reptil, das darauf programmiert ist, sich der Umwelt anzupassen, bei seiner anfänglichen Tönung? Pendelt es zwischen verschiedenen Farben hin und her? Oder wird es gar in einen Farbenwahnsinn getrieben?

Diese originelle Frage beschäftigte in den 70er-Jahren die kybernetische Forschung und konnte bis heute nicht endgültig geklärt werden. Der Publizist Kevin Kelly versuchte zwar, einer chamäleonartigen Anolis-Echse die Antwort zu entlocken, indem er sie in ein Spiegelkabinett verfrachtete. Doch das Ergebnis – das Tier verfärbte sich von einem Dunkelbraun zu einem Grünton – ließ verschiedene Interpretationen zu. Das Reptil nahm nämlich jenen Grünton an, den es normalerweise nur zeigt, wenn es erschrocken oder verunsichert ist.

Kelly vermutete, das Chamäleon befinde sich in einem Zustand andauernder Furcht vor seiner eigenen Fremdartigkeit. Purer Stress also aufgrund der quälenden Orientierungslosigkeit, wer es sei.

Man kann sich fragen, welche Gesichtsfarbe Ludwig XIV. im Spiegelsaal von Versailles wohl angenommen hat … Wie dem auch sei: In diesem verrückten Experiment finden sich heute viele Menschen wieder. Denn wir leben in einer Zeit, in der die Orientierung am Äußerlichen stark gestiegen ist. Dies macht vielen, die auf der Suche nach der eigenen Identität sind, zu schaffen.

1. Leben ist nicht selbst-verständlich

Eine Chemikerin, Anfang dreißig, arbeitet in einem großen Unternehmen. Das zweijährige Trainee-Programm für Führungskräfte, an dem sie teilnimmt, führt sie in verschiedene Städte und Länder. Sie liebt es, sich flexibel auf die wechselnden Situationen einzulassen und auch in ihrem Arbeitsteam Kompromisse ausgleichend anzubahnen. Sie ist überzeugt, dass in ihrer Anpassungsfähigkeit das Geheimnis ihres Erfolges liegt – und zwar in jeder Hinsicht: beruflich wie privat.

Doch zu ihrer eigenen Überraschung geht ihr ein bestimmtes Erlebnis nicht aus dem Kopf: Zum Trainee-Programm gehört die Besichtigung anderer Unternehmen, so auch der Besuch eines großen Flughafens. Das Bild vom Tower mit seinen unzähligen Radargeräten hat sich in ihr Gedächtnis eingebrannt. »Ein Bild für mich selbst!«, durchzuckt es sie. »Wie ein soziales Radargerät registriere ich ständig die Signale anderer. Ich mache ihre Empfindungen und Erwartungen zur Steuerungsquelle meines eigenen Verhaltens. Aber was bedeutet wirklich *mir* etwas? Woran glaube *ich*? – Ich weiß es nicht.«

Die aufpoppenden Fragen irritieren die Frau. Und es ängstigt sie, dass sie möglicherweise zu Antworten gelangt, die so gar nicht zu ihrem jetzigen Leben passen.

»Was hat das, wie ich gerade lebe, eigentlich mit mir zu tun?« Diese Frage stellen sich viele, die sich nach Erfüllung sehnen, etwa wenn ihnen Arbeit und Beziehungen leer erscheinen. Wenn Konsum oder Erfolg sie nicht mehr zufriedenstellen. Oder wenn jemand entdeckt: »Ich lebe meinen Alltag so, wie er sich ›irgendwie‹ ergeben hat. Ob beruflich, familiär oder in der Freizeit – eingeschnürt in die Zwangsjacke des Naheliegenden und Gewohnten, habe ich meine Bedürfnisse und Träume aus dem Blick verloren. Ich lebe an mir selbst vorbei.«

Doch glücklicherweise bietet der Alltag zahlreiche Möglichkeiten, um auf diese Selbstentfremdung aufmerksam zu werden. Mit seinen Weckrufen will das Leben uns zum Nachdenken bringen.

Insbesondere in der *Lebensmitte* realisieren Menschen oft, dass sie aus dem Blick verloren haben, was ihnen früher einmal wichtig gewesen ist. Dass sie in allem Machen und Tun ihre spielerisch kreative und genießerische Seite vergessen haben. Oder sie müssen entdecken, dass sie nie wirklich gelernt haben, ihre Wünsche und Träume wahrzunehmen, geschweige denn, sie umzusetzen.

Ebenso können *biografische Wendepunkte* wie etwa eine Schwangerschaft oder ein runder Geburtstag, eine Krankheit, Scheidung oder Pensionierung die Fragen aufwerfen: »Was macht mich aus? Worauf kommt es mir an? Mit wem will ich unterwegs sein?«Und in ähnlicher Weise steht bei weitreichenden *Entscheidungen* zur Debatte, welche Richtung das eigene Leben nehmen soll und wer ich sein will.

Doch nicht allein solche Umbruchssituationen konfrontieren einen mit Fragen. Vielmehr können auch *kleine Begebenheiten* – etwa der Besuch eines Flughafentowers –

eine große Resonanz in einem oder gar ein inneres Erdbeben auslösen.

Möglicherweise schlagen auch Sie sich gerade mit solchen Themen herum. Dann dürfte Ihnen vertraut sein: Fragen, in denen es um die eigene Person geht, können einen ganz schön durcheinanderwirbeln! Denn was ist, wenn Sie zu einer Antwort gelangen, die so gar nicht zu Ihrem aktuellen Leben passt?

Irritationen willkommen heißen

Es braucht Mut, sich Fragen zu stellen, in denen es um Sinn und Gestalt des eigenen Lebens geht. Denn wir kennen die Antwort, die wir geben werden, ja noch nicht. Und noch weniger wissen wir, wohin es uns führen wird, wenn wir diese Antwort zu leben beginnen …

Angenommen, einer Ihrer zentralen Werte besteht darin, Ihren Kindern Zeit und Zuwendung zu schenken. In der Realität aber machen Sie vor allem Karriere und können Ihren Kindern bestenfalls einen Gutenachtkuss geben – ja, was dann?

Solche Widersprüche ehrlich in den Blick zu nehmen ruft zahlreiche Widerstände auf den Plan. Insbesondere die *Angst vor den Konsequenzen,* zu denen der Weg *ichwärts* einen führt, kann lähmen. Auch wenn der Alltag, in dem wir uns eingerichtet haben, sich möglicherweise nichtssagend anfühlt oder uns den Atem stocken lässt –, das gewohnte Leben aufzugeben schürt noch mehr Unruhe. Es klingt paradox, trifft aber zu: Viele bleiben lieber im gewohnten Unglück hocken, als dass sie aufbrechen und Neuland betreten. Denn das würde ja bedeuten, sich einen Weg zu bahnen, dessen Verlauf und Ende offen sind. Und wer weiß, was da kommt …

Ein weiterer Grund, warum es schwerfällt, einen nüchternen Blick auf das eigene Leben zu werfen: In unserer auf Optimierung geeichten Gesellschaft kommt es zunehmend darauf an, im Berufs- und Privatleben reibungslos zu *funktionieren*. Doch dummerweise ist das Leben immer wieder für Überraschungen gut. Kommt etwas daher, was den störungsfreien Betriebsablauf unseres Alltags unterbricht, dann droht dies zugleich unser Image zu gefährden. Es überrascht nicht, dass in einer solchen Atmosphäre alle Erfahrungen gemieden werden, die das gewohnte Leben auf den Prüfstand stellen.

Die Ängste und Widerstände weisen auf etwas hin, womit vernünftigerweise zu rechnen ist: Lassen wir uns auf die Entdeckungsreise *ichwärts* ein, dann werden wir nicht mehr so passgenau funktionieren wie bislang. Wir werden anecken, andere enttäuschen und vielleicht sogar Beziehungen gefährden. Und wir werden mit Zweifeln und Ängsten ringen. Denn wenn wir Neues wagen, geben wir Kontrolle aus der Hand und gehen das Risiko ein, auf die Nase zu fallen.

All dies fühlt sich unangenehm, ja manchmal fürchterlich an! Daher liegt der Versuch nahe, sich für die Signale des Lebens taub zu stellen. Doch wer diese auf Dauer überhört, zahlt einen hohen Preis. Wenn ich auf mein eigenes Leben schaue, kann ich ehrlich sagen: Nichts fühlt sich so schal an wie der Eindruck: Ich bewege mich wie eine Touristin durchs eigene Leben und »bewohne« es nicht. Und es schmerzt, sich fragen zu müssen: Wie wäre es wohl gewesen, wenn ich den Mut gehabt hätte, nicht Zuschauerin, sondern Akteurin meines Lebens zu sein?

Wer sich selbst einen Freundschaftsdienst erweisen will, tut gut daran, den verschiedenen Stimmen in sich Gehör zu schenken: der Sprache des Körpers und der Gefühle, der Träume und Ängste und dem leisen Ruf der

Sehnsucht. Wir bringen uns selbst Loyalität entgegen (und darin liegt unsere erste Loyalitätspflicht!), wenn wir uns Zeit nehmen, um zu spüren: Was ist für mich von Bedeutung – und womit beschäftige ich mich in meinem Alltag *tatsächlich?* Was entspricht meinen Gaben und Grenzen – und was tue und lasse ich *tatsächlich?*

Die meisten Menschen stoßen bei dieser Innenschau auf Spannungen und Widersprüche. Diese zu fühlen tut weh! Aber zugleich gilt: Diese zu spüren tut gut! Denn darin liegt ein psychologisches Grundgesetz: Erst wer *spürbar* darunter leidet, dass im eigenen Leben etwas falsch läuft, findet den »drive«, etwas verändern zu wollen. Es ist zwar nicht schön, aber wahr: Meist verleiht uns erst ein bohrender Schmerz die notwendige Entschiedenheit, tatsächlich eine Kurskorrektur vorzunehmen.

Es braucht eine gewisse Tapferkeit und Härte sich selbst gegenüber, sich den inneren Spannungen zu stellen. Wehleidiges Jammern hilft ebenso wenig, wie den Schmerz zu betäuben oder kleinzureden. Wohl aber ermutigt die Einsicht, dass es sich um einen heilsamen Schmerz handelt. Denn er verhilft zu einem authentischeren Leben.

Auf Spurensuche

»Der Sinn deines Lebens ist dein Leben. Verplempere es nicht. Geh sorgsam mit deinem Leben um. Eigne es dir an.«

Wo ich diese Sätze gelesen habe, weiß ich nicht mehr, doch sie gefallen mir, denn sie machen auf die Würde jedes Tages aufmerksam. Sie regen an, in Tuchfühlung zu gehen mit dem, *worauf es einem wirklich ankommt.* Sie bestärken, unsere *Potenziale* zu nutzen und zu unserer wahren *Größe* heranzuwachsen, anstatt auf reduziertem Niveau zu leben. Sie ermutigen, die eigenen *Grenzen* zu akzeptieren, anstatt sich permanent zu überfordern.

Wenn Sie Ihr Gespür für Ihr einmaliges Leben vertiefen wollen, bieten Ihnen folgende Fragen eine erste Anregung. Es empfiehlt sich, diese spontan zu beantworten und sich Stichworte zu notieren.

- Was hat mir als Kind und Jugendliche Freude gemacht? Und was ist aus diesen Freuden im Lauf der Zeit geworden?
- Ich erinnere mich an Zeiten, in denen mein Leben »im Fluss« gewesen ist und ich mich vom Lebensstrom getragen gefühlt habe. Welche Bedürfnisse und welche Werte kamen in diesen Zeiten zum Tragen?
- Was sollen die Menschen, die mir viel bedeuten, über mich erzählen?
- Angenommen, ich hätte zwei Leben zur Verfügung – wie würde mein zweites Leben aussehen?

In einem zweiten Schritt können Sie Ihre Antworten auf sich wirken lassen und sich fragen:

- Entdecke ich einen roten Faden, was ich gut leben *kann?* Wo liegen meine Gaben und Stärken? Und wo stoße ich an meine Grenzen?
- Entdecke ich eine kontinuierliche Spur, was ich leben und verwirklichen *will?*

Als dritter Schritt bietet sich ein *Realitäts-Check* an: Gleichen Sie Ihren momentanen Alltag ab mit dem, was Sie gut leben können und was Sie leben wollen. Wenn Sie bei diesem Abgleich über Widersprüche stolpern sollten, dann können Sie sich beglückwünschen. Denn dies spricht für eine gesunde Selbstwahrnehmung. Es ist nämlich normal und gesund, auf solche Differenzen und Spannungen zu stoßen.

Hinter der folgenden Überlegung steht die Einsicht, dass wir mit anderen Personen häufig wohlwollender und einfühlsamer umgehen als mit uns selbst. Daher können Sie sich zum Abschluss dieser Übung vorstellen, dass Sie mit einem Freund oder einer Freundin ungestört zusammensitzen. Ihr Gegenüber spricht Sie auf Ihre Entdeckungen und Einsichten an. Lassen Sie Ihrer Fantasie freien Lauf, was Ihr Freund oder Ihre Freundin Ihnen sagen könnte: Worauf geht sie ein? Unterstreicht sie etwas? Relativiert oder ergänzt sie etwas? Und *wie* spricht sie mit Ihnen? In welchem Tonfall und vielleicht auch mit welchen Gesten?

Im Blick auf die Spannungen und Dissonanzen, die Sie in Ihrem Leben wahrnehmen, fragt Ihr Gegenüber Sie interessiert-zugewandt:

- Was hält dich davon ab, das zu leben, was dir wichtig ist?
- Was treibt dich an, dich in ungesunder Weise zu überfordern? Oder hinter deinen Möglichkeiten zurückzubleiben?
- Was wünschst du dir, damit du einen nächsten Schritt gehen kannst?

2. Stolperstein: Anpassung

Im Einklang mit sich selbst zu leben gehört zu den stärksten menschlichen Antriebskräften. Und doch, wer kennt sie nicht: die Angst, aus der Menge mutig herauszutreten und auf der Bühne des Lebens zu erscheinen? Die Furcht, zu den eigenen Stärken und Grenzen zu stehen und auch in Konflikten für seine Überzeugungen einzutreten? Hat der Philosoph Theodor W. Adorno möglicherweise recht, wenn er spitz bemerkt: Bei den meisten Menschen ist es eine Anmaßung, wenn sie »ich« sagen.

Ein dreijähriger Junge geht neben seinem Vater tapfer durch ein tosendes Gewitter. Ein Blitz jagt den anderen, und das Grollen des Donners findet kein Ende. Endlich kommen die beiden, bis auf die Haut durchnässt, zu Hause an. Als sie schließlich mit der ganzen Familie gemeinsam zu Abend essen, sagt der Dreijährige unvermittelt in die Runde: »Gell, ich gehöre doch zu uns, oder?!«

Offenkundig hatte das Gewitter den Jungen verunsichert. Er fühlte sich allein und verloren, und so wollte er hören, dass er dazugehört. Und er wollte sich vergewissern, seinen Platz zu haben im Wir der Familie.

Gell, ich gehöre doch zu uns?! Diesen Wunsch kennen alle. Jeder will gemocht und angenommen werden. Jeder will auf positive Resonanz treffen; Wertschätzung erfahren und spüren, dass andere gerne mit einem zu tun haben. In allen lebt der Wunsch nach einer Gemeinschaft, in der sie daheim und willkommen sind. Ein Wir, zu dem sie dazugehören.

Es charakterisiert unser Menschsein, dass wir fundamental darauf angewiesen sind, uns mit anderen verbunden zu fühlen. Vor fünfzehn Jahren wäre eine solche Aussage noch als Gefühlsduselei oder religiöse Spinnerei abgetan worden, doch heutzutage zeigen Biologie und Neurowissenschaften klar auf: Die Resonanz, die wir in unserem Umgang mit Menschen und Welt erleben, wirkt sich darauf aus, wie sich unser Gehirn und unser Ich entwickeln. Vom ersten bis zum letzten Atemzug brauchen wir Verbundenheit, um körperlich, emotional und intellektuell, um sozial und spirituell (auf)zublühen. Der Drang, Zugehörigkeit und Verbundenheit zu erleben, gehört zur menschlichen Grundausstattung. Dieser Drang kann aber auch zu viel Raum einnehmen. Dann hält er davon ab, den eigenen Weg zu gehen.

Wie viel Energie, Zeit und Geld wird investiert, um zu einer Gemeinschaft dazuzugehören! Wie oft bemühe auch ich mich, so zu erscheinen, wie ich es mir wünsche, dass die anderen mich sehen. Und ich unternehme manches, um das eigene Bild im Spiegelblick der anderen zu optimieren.

Eine solche *Außenorientierung* erfreut sich weiter Verbreitung. Da mimt man unter Freunden die Lustige, im Betrieb die Effektive, im Familienkreis den Zugewandten und im Sportverein den Lässigen. Wir entwickeln ein meisterhaftes Gespür für unser Umfeld und wissen genau, was wir tun und lassen müssen, um in der jeweiligen Situation akzeptiert zu werden. Wir spüren, was wir anziehen und wie wir uns geben sollten, um Aufmerksamkeit und Zustimmung zu erheischen. Was wir fühlen und worüber wir sprechen sollten und was wir besser nicht erwähnen. Kurz: Man hat gelernt, sich wie ein Chamäleon durch den Tag zu bewegen. Eigene Bedürfnisse und Wünsche fallen da ebenso schnell unter den Tisch, wie eigene Überzeugungen ins Hintertreffen geraten.

All das zeigt: Die Angst vor der Ablehnung anderer macht feige! Wer versucht, von allen gemocht zu werden, ist manipulierbar. Und das Streben, sich möglichst reibungslos anzupassen, um dazuzugehören – zum Arbeitsteam, zur Laufgruppe, zur Nachbarschaft, zur Familie –, entfernt einen schleichend von sich selbst.

Hinzu kommt ein *Charakteristikum unserer Zeit:* Wir leben in einer kleiner gewordenen Welt. Zwischenmenschliche Verflechtungen weben ein dichtes Netz, in das wir eingebettet und verstrickt sind. Sich auf andere flexibel, das heißt biegsam einzustellen, wird zur Schlüsselkompetenz. Honoriert wird, wer die Signale anderer registriert und sich elastisch anpasst.

Diese Außenorientierung verschärft sich dadurch, dass das, was heute richtig ist, morgen schon falsch sein kann. Nichts scheint mehr stabil, nichts überschaubar, nichts von Dauer zu sein. In einer sich immer schneller drehenden Welt vermögen nur die Anpassungsfähigen zu bestehen. Während andere noch den Verlust des Gestern beklagen, sind die Flexiblen schon dabei, sich im Jetzt wieder einmal neu zu arrangieren.

Ganz in diesem Sinne betonen viele soziologische Studien: Den heutigen »Normalmenschen« kennzeichnet eine außergewöhnliche *Empfangs- und Folgebereitschaft.* »Der außengeleitete Charakter fühlt sich abhängig vom Urteilsspruch der Altersgenossen, er verbündet sich mit den modischen Trends und herrschenden Meinungen und schweigt im Zweifelsfall lieber, als anzuecken und gegenzuhalten. Und in Augenblicken der Einsamkeit und Ermattung fühlt er sich von den vermuteten Bedürfnissen und Wünschen seiner Mitmenschen unterdrückt und versklavt.«[4]

Mit einem brillanten Bild drückt die bereits weiter oben erwähnte Chemikerin – eine typische Vertreterin der sogenannten »generation y«, der zwischen 1980 und 2000 Geborenen – diese Folgebereitschaft aus: Wie ein soziales Radargerät nimmt sie die Signale anderer auf und lässt sich davon in ihrem Handeln steuern. Doch eines Tages stolpert sie darüber, dass sie in ihrer großen Anpassungsfähigkeit nicht weiß, was sie mit ihrem Leben anfangen will, und wer sie ist. Sie kennt sich mit sich selbst nicht mehr aus.

Diese Situation verschärft sich dadurch, dass teilweise höchst gegensätzliche Maximalansprüche auf einen einprasseln: Man soll rational und kontrolliert handeln, zugleich aber charismatisch und begeisterungsfähig sein. Man soll Ecken, aber keine Kanten haben. Man soll originell sein und sich zugleich in die fortschreitende Globalisierung fügen. Kein Wunder, dass man am Ende nicht mehr weiß, wo einem der Kopf steht.

Je chamäleonartiger wir uns an die wechselnden Situationen anpassen, desto mehr stehen wir vor dem Problem, aus den Tausenden von Spiegelungen ein Bild von uns selbst zu gewinnen. Ähnlich wie die gestresste Echse im Spiegelkabinett müssen wir erfahren, dass die zahlreichen Selbst-Bilder auf uns selbst zurückwirken. Bis wir uns dann irgendwann ratlos fragen: Wer bin ich? Und wenn ja, wie viele?, wie es der Philosoph Richard David Precht vor einigen Jahren so genial formuliert hat.

Natürlich müssen wir Menschen uns aufeinander einstellen und unsere Wünsche und Pflichten miteinander abstimmen. Das Problem liegt darin, wenn wir ein allzu großes Ohr für das Außen haben, aber kaum ein Ohr für unser Inneres. Denn wer nicht auf sich selbst hört, der wird in seinem Leben kaum selbst zu Wort kommen. Und dies macht auf Dauer depressiv oder aggressiv und entfremdet von sich selbst und anderen.

Anpassung verhindert Zugehörigkeit

Wie verwenden Sie die Begriffe »dazugehören« und »sich anpassen«? – Viele bringen die beiden Begriffe in einen engen Zusammenhang, nach dem Motto: Wenn ich mich anpasse, gehöre ich dazu.

Dazuzugehören – darin liegt ein elementares Bedürfnis eines und einer jeden. Der Wunsch, sich mit anderen verbunden zu fühlen, hat sich in die menschlichen Gene eingeschrieben und prägt alle von der Fußsohle bis zur Haarspitze: Kinder, Männer und Frauen. Und daher entwickeln viele eine große Meisterschaft darin, sich anzupassen.

Doch allein, wenn wir Farbe bekennen und so für andere sichtbar werden, kann es zu einem echten Kontakt kommen. *Wahre Zugehörigkeit entsteht in dem Maß, in dem wir zu uns stehen und uns mutig ins Spiel bringen.* Nähe kann sich nur entwickeln, wenn wir unser authentisches Selbst zeigen – und zwar mit all seinen Ecken und Kanten. Das gehört unbedingt dazu! Umgekehrt fühlt sich der ersehnte Zusammenklang hohl an, wenn er durch Anpassung erkauft wird. Ja, mehr noch: Wer sich durch allzu große Anpassung verbiegt, verhindert gerade das, was er ersehnt: sich aufrichtig mit anderen verbunden zu fühlen.

Vielleicht mögen Sie einen Moment innehalten und sich fragen: Wann habe ich mich mit Menschen verbunden gefühlt? Und wie habe ich dazu beigetragen?

Ich bin überzeugt: Es waren Augen-Blicke, in denen Sie und Ihr Gegenüber sich nicht bedeckt gehalten, sondern sich ehrlich gezeigt und einander auf diese Weise intensiver wahrgenommen haben. Denn *Verbundenheit* gleicht einer Energie, die zwischen Menschen hin- und herfließt, wenn diese sich einander wirklich in aller Offenheit zeigen. Und wenn sie sich wechselseitig gesehen und geschätzt fühlen. Umgekehrt verhindern wir echte Verbundenheit, wenn wir uns so geben, wie wir wünschen, dass die anderen uns sehen sollen. Denn unser Gegenüber wird merken, dass wir uns nicht offen zeigen, dass wir uns vielleicht sogar verstellen. Und dann wird auch er oder sie keine Nähe zulassen wollen.

Auf den Punkt gebracht: Wenn ich *Zugehörigkeit* und *Anpassung* verwechsle, dann werde ich permanent Witterung aufnehmen für das, was angesagt ist – für Moden und Trends, für die »Must-haves« und die Verbotsschilder, für die Meinungen und Erwartungen anderer. Und in der Folge werde ich alles Erforderliche tun, um mich einzufügen. Um zu der Person zu werden, die ich angeblich sein muss, um akzeptiert zu werden. Doch es führt in die Irre, zu meinen, dass sich auf diese Weise das Bedürfnis stillen ließe, Teil von etwas Größerem zu sein. Denn Zugehörigkeit entsteht allein dort, wo wir uns möglichst authentisch zeigen. Und wo wir als die Person umarmt werden, die wir tatsächlich sind. Zugehörigkeit erfordert also, dass wir uns mutig zeigen und uns einander zumuten.

3. Stolperstein: Scham

Es braucht Risikobereitschaft, sich zu sich selbst zu bekennen. Denn in solchen Momenten machen wir uns berührbar und setzen uns emotional anderen Menschen aus. Wir lassen uns auf etwas ein, dessen Ausgang ungewiss ist – und gehen damit das Wagnis ein, enttäuscht zu werden oder zu scheitern.

Selbstbenotung: ungenügend

In einem Blog schreibt eine junge Single-Frau über ihr frustrierendes Bemühen, von einem Mann begehrt und geliebt zu werden: »Egal wie eine solche Anbahnung endete, sie hinterlässt in uns die Frage: Warum? Wäre es genauso gelaufen, wenn wir 2 kg weniger auf den Hüften gehabt hätten? Haben wir unsere Haare unvorteilhaft getragen? Vielleicht haben wir auch einfach den Anschein gemacht, als wären wir dämlich, weil wir einen Witz nicht verstanden oder einen bestimmten Film nicht gesehen haben. Solche Fragen führen mit der Zeit zu einer sogenannten ›Selbstoptimierung‹. Wir versuchen alles das an uns zu optimieren, was ein Hindernis für eine erfolgreiche Beziehung darstellen könnte [...]

Wir tun alles für die Liebe. Wir fangen eine neue Sportart an, lesen Bücher, von denen alle sagen, man müsste sie gelesen haben. Serien, von denen wir noch nie etwas gehört haben, schauen wir an, um mitreden zu können. Wir brüsten uns auf Dates mit unserer Sportlichkeit und unseren abgefahrenen Hobbys. Doch oft sind das nur Dinge, die wir erzählen, um uns damit interessant zu machen. Wir quälen uns ins Fitnessstudio, weil das letzte Date, welches uns hat sitzen lassen, vielleicht doch die kleine Speckrolle gestört hat. Dating ist wie ein Casting. Ob man in die nächste Runde kommt, entscheidet der Part gegenüber. Wir versuchen, uns selbst so lange zu optimieren, bis wir der Meinung sind, die beste Option zu sein. Wir wollen der Traumpartner sein.«[5]

Der Blog-Eintrag geht mir unter die Haut. Treffsicher bringt er auf den Punkt, welche Anstrengung das permanente Ego-Tuning kostet und wie weit die Selbstoptimierung einen von sich selbst entfernt. Die fatale Frage lautet: »Wie muss ich sein, dass du mich liebst?« Nichts lässt man unversucht, um den Voraussetzungen eines potenziellen Partners gerecht zu werden. Die Frau, deren Eintrag mich beschäftigt, optimiert sich in allen infrage kommenden Bereichen – ohne Rücksicht darauf, ob sie sich für die angesagte Sportart oder den Kultfilm interessiert oder nicht; oder ob sie ihren Körper quält. Was für eine Anspannung schraubt sich hier hoch, permanent an sich arbeiten zu müssen! Und wenn ein Dating dennoch ins Leere läuft, stellt die Bloggerin sich die quälende Frage nach dem *Warum*.

»Warum hat es nicht geklappt? Hätte ich besser punkten können, wenn ich schlanker oder gewitzter gewesen wäre? Hätte sich eine Beziehung angebahnt, wenn ich origineller reagiert oder Interessanteres erzählt hätte?«

In diesen Fragen zeigt sich eine fundamentale Angst, fehlerhaft zu sein. Und es ist diese tiefe Furcht, nicht zu genügen, die mich am meisten an diesem Blog-Eintrag berührt – gerade auch, weil mir solche Selbstzweifel in fast allen Beratungsgesprächen begegnen. Und weil ich sie aus eigener Anschauung kenne.

Was stimmt mit mir nicht?

Ob es um ein Dating oder einen beruflichen Neustart geht, um die Erziehung eigener Kinder oder die Soloeinlage bei einem Konzert – in all diesen Situationen machen wir uns verletzbar und tun Dinge, von denen wir nicht wissen, wie sie enden. Gelingen sie nicht so, wie es den eigenen Erwartungen oder denen von anderen entspricht, fühlen sich viele entblößt und ungenügend.

So auch die Bloggerin. Nach meinem Eindruck nagt an ihr der Zweifel: »Was stimmt mit mir nicht? Warum bin ich es nicht wert, dass sich mein Gegenüber für mich interessiert?« Ähnlich zerzaust fühlen sich viele nach einem beruflichen Misserfolg. Gefühle von Scham, Wut oder Angst steigen auf. Und in der Tat tut es weh, zu scheitern. Doch noch härter als der Misserfolg ist es, wenn wir uns wegen der Niederlage auch noch selbst niedermachen. Wenn wir uns seelisch ohrfeigen: »Was bin ich für ein Versager!« Und wenn wir anfangen zu glauben, dass mit uns etwas nicht stimmt, und uns selbst als mangelhaft und ungenügend bewerten.

In solchen Augenblicken überkommt uns die *Scham:* Das beklemmende Empfinden, dass wir nicht gut genug sind, um wertgeschätzt zu werden. Das äußerst schmerzhafte Gefühl, dass wir fehlerhaft sind und deswegen keine Liebe und Verbundenheit verdienen.

Viele Leute glauben, Scham beträfe nur jene, die Traumatisches erlitten haben oder die unter einem extremen Minderwertigkeitsgefühl leiden. Doch das ist falsch. Denn Scham gehört zur emotionalen Grundausstattung aller Menschen! Jeder und jede kennt Anlässe, die einem die Schamesröte ins Gesicht treiben.

Ebenso führt die weitverbreitete Annahme in die Irre, Scham sei ein Frauenthema. Vielmehr sind Männer und Frauen gleichermaßen von Scham betroffen. Wie die Forscherin Brené Brown zeigt, hängen die Scham erzeugenden Botschaften und Erwartungen zwar mit den entsprechenden Rollenbildern zusammen und erweisen sich damit als geschlechtsspezifisch. Die Erfahrung der Scham betrifft jedoch beide Geschlechter. Sie ist ein genuin menschliches Empfinden.

Scham fühlt sich fürchterlich an! Schon unsere Sprache spricht davon: Am liebsten würde man sich in Luft auflösen oder in ein Mauseloch verkriechen. Offenkundig wünscht man sich in solchen Momenten, nicht da zu sein. Nicht zu existieren. Dass einen der Erdboden verschluckt. Dementsprechend versteckt Scham sich unter zahlreichen Masken und ruft Abwehrstrategien auf den Plan! Wenn Männer von Scham und Unzulänglichkeit bedrängt werden, reagieren sie oft mittels zweier Fluchtstrategien: Sie reagieren stinksauer und verwandeln dadurch ihre Scham und Angst in Wut. Oder sie machen die Schotten dicht und verschließen sich. Aber auch mittels Perfektionismus oder der Neigung, sich ewig als Opfer zu empfinden, wehren Menschen ihr Empfinden ab, dass andere ihre Schwäche sehen und sie deswegen ablehnen könnten.

Um das schattenhafte Gefühl von Scham mehr in die Helle des Bewusstseins zu heben, finden sich im Folgenden einige Anlässe, die das Gefühl von Scham wachrufen. Es weckt Scham, ...

- bei einem Fest als Einzige nicht zum Tanzen aufgefordert zu werden
- wenn andere mitbekommen, dass ich nicht nur der lässige Typ bin, sondern auch verdammt ängstlich sein kann
- meine Aufgaben nicht erledigen zu können wie alle anderen
- meine Kinder unbeherrscht anzuschreien
- als Weichei zu gelten
- den Arbeitsplatz zu verlieren
- aus psychischen Gründen krankgeschrieben zu werden
- Pornos im Internet zu schauen und dabei entdeckt zu werden
- wenn mein Partner, meine Partnerin die Scheidung einreicht, um mit jemand anderem zusammenzuleben
- beim Sex zu versagen

Und wann wird Scham in Ihnen geweckt?

....

....

....

....

Alle empfinden Scham. Und alle schrecken davor zurück, über sie zu sprechen. Denn wenn die Scham einen im Griff hat, denkt man: »Wenn andere mich sehen, wie ich wirklich bin, werden sie mich links liegen lassen. Wenn sie meine Verletzlichkeit zu Gesicht bekommen, werden sie spöttisch lächeln und sich von mir abwenden.« Also lässt man sich lieber nicht so tief in die Karten schauen, wenn es einem mies geht oder man sich ungenügend fühlt. Und mit der Zeit gehen viele von uns auf Nummer sicher. Dann nehmen wir in Beruf und Familie, im Freundeskreis und in der Freizeit nur noch Dinge in Angriff, bei denen wir uns auskennen und die uns gut von der Hand gehen. Die Scham »bewahrt« uns davor, Neues zu wagen und uns offen – und das heißt auch verwundbar – auf Herausforderungen einzulassen. *Scham hält klein und bewirkt, dass wir uns klein fühlen. Scham hält uns davon ab, entschlossen zu leben.*

Wenn ich auf mich selbst schaue, stoße ich immer wieder auf einen aufschlussreichen Zusammenhang: In Zeiten, in denen ich ängstlich auf Tauchstation gehe, bedrängt mich oft das Empfinden, dass ich mich so, wie ich bin, nicht zeigen kann. Wenn die Scham nach mir greift, dann lege ich einen seelischen Schutzschild an und halte mich bedeckt. Oder ich reagiere hektisch, um auf diese Weise mein fragiles Selbstwertgefühl zu schützen. Und umgekehrt: Wenn ich mich wie ein Fisch im Wasser fühle – verbunden mit anderen, mit mir, mit dem göttlichen Grund –, dann lebe ich in Übereinstimmung mit mir selbst. Denn in diesen Momenten spüre und bejahe ich meinen Selbstwert. Und das inspiriert mich dazu, mich offen zu zeigen und mich mit Hingabe für etwas oder jemanden einzusetzen – und dabei in Kauf zu nehmen, dass ich mir möglicherweise Schrammen, Niederlagen oder Ablehnung anderer einhandle.

Schleichendes Gift

Menschen verspüren Scham, wenn ihre körperlichen oder seelischen Grenzen verletzt werden. Das Schamgefühl macht auf den eigenen Intimbereich oder den von anderen aufmerksam – und den gilt es zu schützen und zu achten. Daher steht Scham auch im Dienst des rechten Maßes: Sie verleiht ein diskretes Gespür dafür, wie weit wir uns zeigen können. Und sie signalisiert, wo man sich bedeckt halten sollte, um sich nicht naiv selbst zu entblößen.

Davon unterscheidbar: eine übergroße, falsche Scham, die dazu führt, sich hinter schillernden Kostümen zu verstecken.

Wie lässt es sich lernen, mit Scham konstruktiv umzugehen? Dazu einige Hinweise:

Scham bezieht ihre Macht daraus, dass sie einen Mantel des Schweigens ausbreitet über das Gefühl, fehlerhaft zu sein. Sie lebt von Geheimhaltung, denn sie geht mit dem Empfinden einher: »Wenn andere sehen, wie ungenügend und verletzlich du bist, werden sie dich ablehnen.« Und so ducken sich viele mit ihren schlechten Gefühlen weg. Lieber über jene Nächte schweigen, in denen man wach liegt und über die irritierende Bemerkung der Chefin grübelt, als davon zu erzählen. Besser, in einer Endlosschleife dunkler Gedanken stecken zu bleiben, als damit nach außen zu treten. Durch Geheimhaltung und Schweigen breitet sich Scham wie ein schleichendes Gift aus.

Es gibt ein wirksames, wenn auch bisweilen bitteres Gegenmittel: Die schambesetzte Geschichte mit Menschen zu teilen, denen wir vertrauen und die gut damit umgehen können. Das kostet viel Überwindung, ja, vielleicht fühlt man sich nackt und entblößt. Doch nur wer riskiert, sich mit seiner Not zu offenbaren, kann Empathie erfahren. Und Empathie heilt. Sie gleicht einer Leiter, die einen aus dem Loch herausholt, in das man sich vor lauter Scham verkrochen hat.

Sehr lebendig steht mir eine aufschlussreiche Begebenheit vor Augen: Eine beruflich und privat herausfordernde Zeit brachte mich an meine Grenzen. Ich hatte das Gefühl, auf ganzer Linie zu versagen und bald keinen Fuß mehr vor den anderen setzen zu können. Aber ich hielt die Fassade des Funktionierens aufrecht, denn die anderen sollten unter keinen Umständen mitbekommen, wie es in meinem Innern aussah.

Die Pflege der Fassade kostete mich immens viel Energie. Vor allem aber manövrierte ich mich in eine wachsende Einsamkeit und Isolation hinein. Doch dann stolperte ich gewissermaßen über mich selbst. Genauer gesagt, über meine Bilder und Fantasien, die meine Furcht befeuerten: In einem verborgenen Winkel meines Herzens hauste die Vorstellung: Meine Freunde und Bekannten warten nur darauf, dass ich mir eine Blöße gebe, um dann höhnisch über mich zu spotten oder mir die kalte Schulter zu zeigen. Was für ein Blödsinn! Am Abend dieses Tages schrieb ich – inspiriert durch einen Text von Meike Winnemuth – in mein Tagebuch:

»Du kommst gut allein zurecht. Du strengst dich an, die Dinge so aussehen zu lassen, als ob dir alles locker von der Hand ginge. Auch jetzt bemühst du dich wahnsinnig darum. Und dein Umfeld fällt darauf rein – genau, wie du es willst. Aber nicht wollen solltest. Hör auf, alles kontrollieren zu wollen. Du kannst deinen Leuten vertrauen. Lass dir deine Ohnmacht und Ratlosigkeit, dein Scheitern und deine

Selbstzweifel anmerken. Hab den Mut, verwundbar zu sein und dich zu zeigen. Du wirst nicht weniger geliebt werden.«

Ich fasste den Mut, mich fallen zu lassen und zu erzählen, wie es um mich stand. Meine Worte wirkten wie ein Zauberspruch, durch den die Scham plötzlich ihre Macht verlor. Die Nähe mit den Menschen, denen ich mich anvertraut hatte, gewann eine neue Tiefe. Und ich selbst ging mit mehr Selbstakzeptanz aus dieser Situation heraus.

Bis heute liegt darin eine für mich ganz wichtige Erkenntnis: Wer die Hand mutig ausstreckt und sich einer vertrauenswürdigen Person öffnet, findet aus der Scham heraus. Ja, Verletzlichkeit zu riskieren ist der Weg zueinander und zu uns selbst! Wenn wir das Maskenspiel von Coolness oder Überlegenheit, von Wut oder Abschottung hinter uns lassen, finden wir die ersehnte Verbundenheit. Dann kommen wir mehr in Kontakt mit uns selbst und mit den Menschen, die uns etwas bedeuten.

Wer sind meine Haltegriffe?

Bitte verstehen Sie mich nicht falsch: Nicht jeder verdient es, dass Sie ihm Ihre Geschichten und Selbstzweifel anvertrauen. Dazu gibt es zu viele Personen, bei denen Sie ins offene Messer laufen würden. Etwa jene, die sich mit billiger Kritik vom Leibe halten, was sie an sich selbst nicht ausstehen können: ihre eigene Verletzlichkeit, Unsicherheit und das schambesetzte Gefühl, nicht zu genügen.

Zugleich lohnt es, sich immer mal wieder darüber Klarheit zu verschaffen: Wer sind die drei bis vier Personen in meinem Leben, denen ich mich mit meinen wunden Punkten, meinen schambesetzten Geschichten und allen Selbstzweifeln offenbaren *kann*? Und die mir so viel bedeuten, dass ich mich ihnen auch offenbaren *will*?

Es tut gut, diese Menschen innerlich präsent zu haben. Denn das stärkt die Gewissheit: Ich kann meine Hand ausstrecken, wenn ich mal wieder in Selbstzweifeln versinke. Noch besser ist natürlich, wenn wir im Ernstfall tatsächlich den Mut aufbringen, diesen Schritt zu wagen (und etwa zum Handy greifen). Denn nur dann lässt sich erfahren: Ich greife nicht ins Leere. Ich bin gehalten.

4. Selbstwert als Geburtsrecht

In jedem Leben gibt es Momente, in denen Scham die Oberhand gewinnt. Ebenso kennen viele eine allzu große Bereitschaft, sich an das anzupassen, was angesagt ist. Beides behindert die Reise *ichwärts*. Es zahlt sich aus, bei dieser Einsicht nicht stehen zu bleiben, sondern tiefer zu graben.

In der Wurzel verwundet

Die allermeisten Menschen – und zwar Männer und Frauen – zweifeln im Innersten an sich und haben das Empfinden, unzulänglich zu sein. Dies wurzelt in *biografischen Hintergründen:* Viele von uns haben durch direkte oder indirekte Botschaften ihrer Eltern und anderer früher Bezugspersonen gelernt, dass sie so, wie sie sind, nicht wirklich in Ordnung sind. Das natürliche Erleben des Selbstwertes wurde fundamental verletzt durch Botschaften wie »Du bist liebenswert, *wenn* ... – du brav bist, nicht störst, erfolgreich oder hilfsbereit bist«. In der Folge glaubten wir selbst daran, wir seien nur liebenswert, wenn wir brav und hilfsbereit sind, oder wenn wir alle Aufgaben mit Bravour bewältigen. Und natürlich haben wir uns entsprechend bemüht, uns die Liebe und Zuneigung unserer Eltern zu verdienen.

Solche verinnerlichten Glaubenssätze prägen oft auch das Innenleben von Erwachsenen. Dann residieren der knallharte Chef, die strenge Begutachterin, der ungnädige Richter im eigenen Innern und hämmern einem ein: »Du bist okay, wenn …« In der Folge verlangen manche von sich, zuerst die Bedürfnisse aller anderen zu erfüllen und die eigenen beiseitezuschieben, um angenommen zu sein. Oder andere meinen, viel arbeiten und Herausragendes leisten zu müssen, um existenzberechtigt zu sein. In alldem meldet sich die latente Grundüberzeugung zu Wort: »So, wie ich bin, bin ich nicht liebenswert. So gehöre ich nicht dazu. Und ich verdiene so auch keine Anerkennung.«

Dazu kommt, dass unsere *gegenwärtige Kultur* das Empfinden verstärkt, nicht zu genügen. Die Welle der Selbstoptimierung hat alle Lebensbereiche geflutet. Ständig gilt es, an sich zu arbeiten – am Auftreten, an der Durchsetzungskraft oder inneren Ruhe. Aber unglücklicherweise lässt sich auch das Beste immer noch optimieren. Und damit nährt das Streben nach Selbstverbesserung indirekt das Gefühl, unzulänglich zu sein. Es suggeriert uns, dass wir Mängelwesen sind: Wesen, die nie genug Erfolg haben, nie genug Geld, gutes Aussehen, Einfluss, Sex, Charisma, Fitness, Freunde …

Das Empfinden, nicht zu genügen, schmerzt! Es verstärkt die Sorge, vor den Augen anderer nicht bestehen zu können. Und es greift das Sensibelste in uns an: das Selbstwertgefühl.

Und damit gerät ein weiterer Punkt in den Blick: Die Angst, nichts wert zu sein, scheint wie ein Wasserzeichen das menschliche Leben zu prägen – und zwar von Geburt an. Wir Menschen kommen mit einer *Verwundung* auf die Welt. Mit einem Bild ausgedrückt: Die große Narbe in der

Mitte unseres Körpers weist auf die zentrale Wunde unseres Daseins hin. Der Nabel erinnert an jene einschneidende Erfahrung, dass die ursprüngliche Lebensverbindung mit der Mutter durchtrennt worden ist. Vor der Geburt war der Embryo in der Fruchtblase rundum aufgehoben und genährt. Durch die Geburt wird er aus der »paradiesischen« Verbundenheit vertrieben. Ausgestoßen aus dem großen Ganzen, in dem er aufgehoben war, ist er plötzlich allein. Das Kind fühlt sich verloren und verlassen. Es schreit nach Nahrung und Nähe, nach Zuneigung und Zärtlichkeit. Die Abtrennung vom Ursprung weckt Angst. Macht einsam. Und so dürstet der Mensch zeit seines Lebens danach, zu erfahren: »Ich gehöre doch dazu!« Er hofft auf eine Liebe, die ihm glaubhaft verspricht, dass er uneingeschränkt und ohne Vorbedingungen erwünscht und bejaht ist.

»Paradise lost«

Ich bin davon überzeugt: Die Verunsicherung im Erleben des eigenen Selbstwertes entpuppt sich in der Tiefe auch als eine *spirituelle Verwundung*. Wir können nicht mehr glauben, dass wir so, wie wir sind, wirklich liebenswürdig und wertvoll sind. Wir vermögen nicht mehr unseren Selbstwert zu spüren. Und dieses »nicht mehr« ist hier von Bedeutung.

Fast alle großen Religionen erzählen von einem ursprünglichen *Paradies*. Dieses Bild drückt die Ahnung aus: In seinem Ursprung ist der Mensch heil und ganz. Er ist kein unbehaustes Findelkind am Rande eines Weltalls, welches taub ist für Freude und Furcht, Seufzen und Singen. Vielmehr ist er von jeher eingebettet in einen großen göttlichen Zusammenhang. Ernst Bloch formuliert es so: »Etwas, das allen in die Kindheit scheint, und worin noch niemand war: Heimat«.

Die Bibel erzählt in vielen Bildern von dieser ursprünglichen, der »eigentlichen« Beheimatung. Ein grandioses Bild: Der Mensch ist Tochter oder Sohn Gottes. Was für ein selbstbewusstes Vertrauen meldet sich hier zu Wort: Mein kleines Leben verdankt sich einem göttlichen Ursprung und trägt eine göttliche Spur in sich. Und was für eine folgenreiche Überzeugung: Jede und jeder – auch mein anstrengender Schwiegervater, meine schwierige Nachbarin und mein Intimfeind – verdanken sich demselben göttlichen Ursprung und tragen göttliches Leben in sich.

Das zu glauben fällt schwer! Zumindest geht es mir so, wenn ich auf mein Leben schaue und auf unsere Welt. Und auch davon sprechen die Religionen: Die Verbindung des Menschen zu seinem Ursprung ist gestört. Das Wissen um seine göttliche Herkunft ist verdunkelt.

Das erste Buch der Bibel erzählt davon, dass der Mensch (hebr. = Adam) schmerzlich erfahren muss: Er hat das Paradies verloren. Die Unbekümmertheit paradiesischen Vertrauens erscheint ihm bestenfalls wie eine ferne Erinnerung oder wie ein schöner Traum. Wie ein Vertriebener, ein aus der Heimat Verbannter fühlt sich der Mensch von seinem Ursprung abgeschnitten und vereinzelt. Er erfährt sich als chronisch ungenügend und unzureichend. Und daher hat er eine Heidenangst, sich eine Blöße zu geben und dem anderen in die Augen zu schauen. Er beginnt das Versteckspiel mit Feigenblättern, Masken und Schminke, um seine nackte Wahrheit zu verbergen.

Diese Hypothek menschlichen Daseins findet in der bekannten biblischen Geschichte vom Sündenfall einen literarischen Niederschlag (vgl. Genesis 3). Im Wort »Sünde« klingt das Wort »sondern« an. Man denke auch an den »Sund«, den trennenden Meeresgraben. In bildreicher

Sprache bringt die Bibel zum Ausdruck, dass dem Menschen dieser angstbesetzte Zweifel wie eine Erbkrankheit mitgegeben ist; wie ein Merkmal, das von Generation zu Generation weitergegeben wird. Diese »Erblast« kann auch als eine Urverwundung begriffen werden. Sie meint, dass dem Menschen etwas fehlt, das ihn eigentlich hätte kennzeichnen sollen: ein Urvertrauen in das Geheimnis des Lebens. Ein Vertrauen untereinander. Ein Wissen um das göttliche Licht, das ihn und alles von innen her durchstrahlt. Stattdessen wurde dem Menschen von Anfang an ein Doppelpack in die Wiege gelegt: Vertrauen *und* Angst.

Der Mensch aber hungert nach einem Leben im Einklang mit sich selbst und verbunden mit anderen. Er sucht nach einem »Ort«, wo seine Existenz nicht mehr infrage gestellt wird, sondern geborgen ist. Der Wunsch nach einem Dasein ohne berechnende Absicherung, ohne Angst und ohne äußere oder verinnerlichte Erfolgskontrolle gleicht einem Licht, das heimleuchtet.

Freundschaft macht das Leben freundlich

Der Mensch ist verwundet und zweifelt vielfach an sich und dem Leben. Was stärkt sein Vertrauen in die eigene Würde? Was lässt ihn Verbundenheit erfahren und ermutigt ihn, sich dem Fluss des Lebens anzuvertrauen?

Eine besondere Bedeutung haben Freundschaften und Liebesbeziehungen. Es fällt unendlich viel leichter, entschlossen zu leben, wenn es (einen) Menschen an unserer Seite gibt, auf den wir bauen können. Es wird eher möglich, sich selbst anzunehmen, wenn man sich als angenommen erfährt. Es wird einfacher, der eigenen Würde Glauben zu schenken, wenn einem ein glaubwürdiges »Ja« entgegenkommt.

Ich wünsche jedem Menschen das Glück, um eine solche Person im eigenen Leben zu wissen. Vielleicht ist es der Partner oder die Partnerin, eine Freundin oder ein Freund. Möglicherweise aber auch jemand, der bereits gestorben ist und dessen Nähe man im Herzen spürt.

In der Gegenwart einer solchen Person lässt sich erfahren, was Umarmen und Umarmtwerden heißt. Hier können wir lernen, mit uns klarzukommen, so wie wir sind. Die Person öffnet einen Raum, in dem wir uns entwickeln und neue Schritte wagen können. Ihr »Ja« zu uns stärkt das Vertrauen, sich auf der Reise *ichwärts* in unbekanntes Gelände vorzuwagen. Denn steht jemand glaubhaft zu einem, dann verleiht das Sicherheit – und nur, wenn wir eine genügend große Sicherheit spüren, können wir unseren Ängsten die Stirn bieten. Wir können uns nur so weit aus dem Fenster lehnen, als uns jemand an den Füßen hält.

Ob Ihnen bei diesen Zeilen ein Mensch in den Sinn kommt und Ihr Herz weit und weich macht? Dann ist es vielleicht eine schöne Gelegenheit, der Freude Raum zu geben und einfach einen Augenblick dankbar bei dieser Person zu verweilen.

Beziehungen, die Halt geben, fallen nicht vom Himmel! Sie wollen gehegt und gepflegt werden. Und das ist paradox: Einerseits sehnen sich alle nach tragfähigen Beziehungen, in denen sie sich als willkommen erfahren und spüren: »Ich gehöre dazu!« Andererseits liegt es vielen fern, sich für ihre Beziehungen Zeit zu nehmen. In ihrem Buch »Fünf Dinge, die Sterbende am meisten bereuen« erzählt die Australierin Bronnie Ware von berührenden Gesprächen mit Sterbenden, in welchen diese Bilanz ziehen. Fünf Versäumnisse kommen darin immer wieder zur Sprache. Eines davon lautet: »Ich wünschte mir, ich hätte den Kontakt zu meinen Freunden aufrechterhalten.« In die gleiche Richtung weisen zahlreiche Untersuchungen, denen zufolge sich die meisten Menschen zu wenig Zeit für Freundschaften nehmen, insbesondere Männer. Gerade in der Rushhour des Lebens, wenn sich Beruf und Familie, Aktivitäten, Karriere und Kinder in den Vordergrund drängen, geraten Freundschaften und häufig auch die Partnerschaft ins Hintertreffen. Doch fehlende Zeit und Desinteresse untergraben eine vertrauensvolle Beziehung, bis sie eines Tages wie ein Kartenhaus in sich zusammenfällt. Mit etwas Zeiteinsatz jede Woche wäre schon viel gewonnen ...

Mit mir selbst vertraut

Noch heißer umkämpft als die Zeit, um Freundschaften zu pflegen, ist die Zeit, um sich mit sich selbst zu verabreden. Doch dieser Kampf lohnt sich! Denn erst wenn ich fähig werde, mir selbst Aufmerksamkeit entgegenzubringen, werde ich entdecken, wo ich an mir und an anderen vorbeilebe – etwa in welchen Zwängen ich gefangen bin oder wo ich auf Kosten anderer lebe. Nur wenn ich regelmäßig innehalte, finde ich Halt in mir selbst und erringe jene Freiheit, die es für ein couragiertes Leben braucht. Und allein in dem Maß, in dem ich mich selbst spüre, komme ich dem auf die Spur, was mir wichtig ist. Ich werde wach für die wesentlichen Fragen: Wer ich bin und wer ich sein will. Mit wem ich unterwegs sein und wofür ich leben will. C.G. Jung hat es so auf den Punkt gebracht: »Deine Vision wird nur dann klar, wenn du in dein eigenes Herz schaust. Wer nach außen schaut, träumt; wer nach innen schaut, erwacht.«[6]

Was hilft zu einem aufmerksamen Mit-mir-Sein? Drei Hinweise.

Geh dein Tempo am Berg!

»1300 Höhenmeter bis zum Gipfel. Ich fühle mich fit und breche mit Freunden fröhlich auf. Sie schlagen ein schnelles Tempo an. Ich will mithalten und beiße die Zähne zusammen. Der Aufstieg stresst mich, und als wir auf dem Gipfel ankommen, stiere ich vor Erschöpfung leer vor mich hin.

Wie anders, als ich einige Tage später dieselbe Tour mache. Dieses Mal gehe ich *mein* Tempo – und genieße den Aufstieg und später dann den gemeinsamen Gipfelblick. Verrückt, was zehn Minuten ausmachen!«

So lautet ein Tagebucheintrag von mir. Ein Bild des Berggipfels hängt in meinem Zimmer. Darunter habe ich geschrieben: »Geh *dein* Tempo am Berg! Dich zu vergleichen, raubt Freude, Kreativität und Verbundenheit.«

Der ständige Vergleich mit anderen entfernt uns von uns selbst. Dann rennen wir los, schneller, als es gut für uns ist, und kriechen nachher auf allen vieren. Vor allem aber lassen wir uns in unserem Lebensgefühl von außen steuern und geraten unversehens in eine Achterbahn: Entdecke ich beim anderen etwas, das ich nicht habe oder vermag, schlittere ich in die Selbstabwertung. Das Sichvergleichen führt dazu, dass bei einem selbst immer alles »super« laufen muss. Dann muss jede Essenseinladung großartig ausfallen, jeder Vortrag ein Höhepunkt, jeder Wettkampf ein Erfolg und jeder Vertragsabschluss ein sensationeller Deal sein. Auf andere herabschauen zu können schmeichelt dem Ego. Aber auf lange Sicht stellt sich auch hier ein *Katzenjammer* ein. Denn ob wir uns zu klein geraten fühlen und uns selbst abwerten oder ob wir unser Ego aufpolieren: Beides macht einsam! Beides isoliert.

Natürlich haben Vergleiche und Rankings ihre Berechtigung. Das Verführerische liegt darin, dass man sich vergleicht, um sich der eigenen Überlegenheit zu vergewissern. Aber auch dann gerät man unversehens in das genannte emotionale Auf und Ab: Entweder habe ich die Nase vorn, oder ich bin abgehängt. Hier gibt es nur Gewinner oder Verlierer. Und beides raubt auf lange Sicht gesehen Nähe und Verbundenheit und macht das eigene Selbstwerterleben äußerst zerbrechlich. »Das Vergleichen ist das Ende des Glücks und der Anfang der Unzufriedenheit.« (Søren Kierkegaard)

Beim Bergwandern habe ich gelernt: Um aus dem Sichvergleichen herauszukommen, hilft nur, ganz bei sich zu bleiben. In dem Maß, in dem jemand in sich ruht, ebbt das Sichvergleichen ab. Konkret kann das heißen, vom Kopf, der vergleicht, zum Herzen zu gelangen, das fühlt. Oder die Aufmerksamkeit auf den eigenen Körper zu lenken und zu spüren, wer wir sind. Es mag sich vielleicht komisch anhören, doch es funktioniert: Wer in Berührung mit sich selbst ist, muss sich das Vergleichen meist gar nicht verbieten. Es kommt ihm oder ihr einfach nicht in den Sinn. Wer sich spürt, erfährt: *Ich bin ich. Und dies ist eine Erfahrung, die von allein Selbstwert vermittelt.*

Stellen Sie sich vor, Sie bekommen die Leitung eines welt-
weiten Unternehmens übertragen. Täglich schreiben Ihnen sehr viele Menschen. Sie tragen Verantwortung für
Niederlassungen auf dem ganzen Globus mit Tausenden
von Mitarbeitern. Wie würde es Ihnen gehen? – Vielleicht
würden Sie die Ernennung an die Spitze des Unternehmens als eine Ehre empfinden. Vermutlich aber auch als
eine Überforderung.

So ist es jenem Mönch ergangen, der im Jahr 1145 zum
Papst gewählt worden ist: Eugen III. In seinem Amt entwickelt er sich zu einem klassischen Workaholic. Es ist so
viel zu tun, dass er eigentlich nie richtig zur Ruhe kommt.
Sein früherer geistlicher Lehrer, Bernhard von Clairvaux,
will ihm die Augen öffnen, wie lebensschädigend ein Alltag »eingekeilt in zahlreichen Beschäftigungen« auf Dauer
wirkt. In einem Brief rät er dem Papst, kürzerzutreten:
»Es ist viel klüger, Du entziehst Dich von Zeit zu Zeit
Deinen Beschäftigungen, als dass sie Dich ziehen und
Dich nach und nach an einen Punkt führen, an dem Du
nicht landen willst. An den Punkt, wo das Herz anfängt,
hart zu werden.« Für Bernhard ist das »harte Herz« ein
Ausdruck dafür, dass ein Mensch das Gespür für sich und
für die anderen verloren hat. Und er fragt ganz direkt:
»Wie kannst Du voll und echt Mensch sein, wenn Du
Dich selbst verloren hast?«

Bernhard weiß um den Druck des Leitungspostens und
wie sehr Papst Eugen sich bemüht, den unzähligen Erwartungen und Pflichten nachzukommen. Daher greift er
zu umso deutlicheren Worten: »Wie lange noch schenkst
Du allen anderen Deine Aufmerksamkeit, nur nicht Dir
selber? Ja, wer mit sich schlecht umgeht, wem kann der
gut sein? Denk also daran: Gönne Dich Dir selbst.«

Die Aufforderung »Gönne dich dir selbst!« steht quer

zu zeitgenössischen Versuchen, sich ständig selbst zu optimieren. Wer eigene Grenzen wahrnimmt und wahrt, widersetzt sich dem heillosen Imperativ: »Verbessere dich, denn die Möglichkeiten sind da!« Und genauso quer steht der Rat »Gönne dich dir selbst!« zu der Erwartung »Sei für andere da!« – eine Erwartung, die gerade in christlichen Kreisen gerne gepflegt wird.

Auf Dauer wird Leben nur gelingen, wenn wir beruflich wie privat auch für uns selbst ein Fingerspitzengefühl entwickeln. Wenn wir klar und respektvoll Grenzen ziehen gegenüber den Erwartungen anderer und gegenüber unseren eigenen To-do-Listen. Nehmen wir uns immer mal wieder aus allem heraus, dann eröffnet das neue Horizonte und Spielräume für alle.

Doch leichter gesagt als getan! Nahezu jeder weiß, wie wichtig es ist, Nein sagen zu können. An der Umsetzung hapert es. Da gibt es Tage, da weiß man nicht mehr, wo einem der Kopf steht. Tausend Stränge zerren an einem, die Kinder wollen versorgt sein, im Haushalt ist jede Menge zu tun, und im Job geht's mal wieder drunter und drüber. Dann kommt eine Mail mit der Bitte, dieses oder jenes zu übernehmen. Und zack: Schon habe ich zugesagt – obwohl ich mir damit mal wieder eine Nachtschicht einhandle.

Viele machen lieber Überstunden und streichen den Feierabend, als dass sie ein schlechtes Gewissen plagt, weil sie Nein gesagt haben. Doch wer aus Furcht davor, andere zu enttäuschen oder den eigenen Erwartungen nicht zu entsprechen, ständig Ja sagt, entfernt sich unaufhaltsam von der eigenen Mitte. Wer notorisch Ja sagt, schwächt das eigene Ich. Wer hingegen über seinen Schatten springt und lernt, in einer guten Weise sich und anderen Grenzen zu setzen, stärkt das eigene Ich.

An diesem Punkt wenden manche ein: »Ich habe nie gelernt, Nein zu sagen. Dazu fehlen mir einfach der Mut und das Selbstvertrauen.« Ja, das mag sein. Doch es ist nie zu spät! Jeder Tag bietet neu die Gelegenheit, das Nein-Sagen zu lernen. Sich ein stärkeres Selbstvertrauen lediglich zu wünschen nützt nichts. Ein solcher Wunsch oder Appell verhallt im Leeren. Selbstvertrauen lässt sich nämlich weder erzwingen oder herbeiwünschen noch vom Verstand her einreden. Es kann nur wachsen. Es ist ein psychologisches Grundgesetz: Unser Selbstvertrauen entwickelt sich in dem Maße, in dem wir unseren Freiheitsspielraum nutzen. *Wir* sind gefragt!

Bei manchen besteht der Spielraum vielleicht darin, dass sie den Kuchen für den Elternsprechtag nicht backen und dabei ihrer Angst entgegentreten, andere zu enttäuschen. Andere reservieren sich handyfreie Zonen und Zeiten – und gehen dabei das Risiko ein, dass sie Unverständnis ernten werden, weil sie sich der ständigen Verfügbarkeit widersetzen und einen Raum des Privaten schützen.

Egal, worum es sich handelt, wenn wir uns eine solch »mutige Erlaubnis« geben: Jedes Mal, wenn wir uns und anderen um des Lebens willen Grenzen ziehen oder Prioritäten setzen, bringen wir uns selbst Loyalität entgegen. Und wir achten das Leben. Ein solches Tun vertieft von allein das Gespür für den eigenen Selbstwert.

Was passiert, wenn nichts passiert?

Sich selbst Zeit gönnen, innehalten, still werden – das klingt simpel und erweist sich doch als ungeheuer schwer. Denn das Credo unserer beschleunigten Gesellschaft lautet: Zeit ist Geld. Entsprechend führen viele lieber ein Leben im pausenlosen Bereitschaftsmodus, als den Eindruck zu vermitteln, sie würden ihre Zeit verplempern.

»Gönne dich dir selbst« kann bedeuten, sich eine feste

Zeit zu reservieren, in der man nur das tut, wozu es einen von innen her treibt: träumen oder tanzen, singen oder segeln, jemanden besuchen oder am Motorrad herumbasteln. Oder sich in ein Straßencafé setzen, selbst auf die Gefahr hin, dass ein Bekannter vorbeikommt und denkt: »Die hat auch nichts Besseres zu tun!«

Besonders intensiv kann man sich selbst begegnen, wenn die Stimmen um einen herum zum Schweigen kommen. Eine solche »Verabredung mit der Stille« fordert deswegen so heraus, weil man jetzt einer Person direkt ausgeliefert ist: sich selbst. Wenn das geschäftige Grundrauschen verebbt, taucht auf, wovor wir ansonsten mit kleinen Tricks fliehen: Einsamkeit oder Ausweglosigkeit, Schuld oder Eifersucht. Schmerzhafte Erinnerungen schwappen hoch, und Wogen von dunklen Gefühlen rollen über einen hinweg – und dem weichen wir lieber aus. Karl Valentin bringt es selbstironisch auf den Punkt: »Morgen gehe ich mich besuchen. Hoffentlich bin ich zu Hause!«

Wenn Sie Ihre Motivation stärken wollen, Stille und Selbstreflexion zu kultivieren, kann es guttun, sich an Stunden erfüllten Schweigens zu erinnern. Denn auch diese gibt es! Vielleicht haben Sie die wohltuende Wirkung von Stille erlebt, als Sie allein spazieren gegangen sind, oder als Ihnen ein Kunstwerk zu Herzen gegangen ist und Sie eine tiefe Lebendigkeit in sich gespürt haben. Oder als Sie in einer menschenleeren Kirche saßen und die Zeit stillzustehen schien.

Um eine tiefe Aufmerksamkeit für die eigene Existenz zu entwickeln, braucht es eine bewusste Lebenskultur. Mir persönlich hilft es, den Kalender in die Hand zu nehmen: Mit der gleichen Akribie, mit der ich mir Termine mit anderen vormerke, reserviere ich mir auch Termine mit mir selbst. Dies klingt vielleicht banal oder komisch. Doch wie auch immer Sie es anstellen: Wenn Sie ein erfülltes Leben im Hier und Jetzt führen wollen, dann müssen Sie sich und Ihren Alltag immer wieder auch aus einem Abstand heraus betrachten. Es braucht Zeiten und Räume, in denen Sie auf den Nachklang von Begegnungen und Ereignissen hören und über Ihre eigenen Motive und Wünsche nachsinnen. Ein solches Innehalten droht in unserer beschleunigten Welt rasch unter die Räder zu kommen. Daher setzen Sie einen wichtigen Schritt *ichwärts,* wenn Sie Gewohnheiten entwickeln, die Ihnen ein Time-off ermöglichen – sei es im Tages- oder Wochenverlauf. Ihre Seele wird es Ihnen danken, wenn Sie sie atmen lassen und sich selbst Raum geben.

Was passiert, wenn nichts passiert? Wenn Schweigen zur Stille wird? – Stille hat eine beruhigende und heilende Kraft. Die Stimmen, die etwas von einem wollen, verstummen: äußere Ansprüche und innere To-do-Listen, die Stimme des Ehrgeizes und die Angst, nicht zu genügen. In der Stille lässt sich erleben: »Ich kann einfach da sein, ohne etwas leisten oder machen zu müssen. Nichts und niemand will etwas von mir – nicht einmal ich selbst.« In der Stille kann einem aufgehen: »Hier bin ich Mensch. Hier darf ich sein.«

In dem Maß, in dem jemand – immer wieder neu – den inneren »Raum der Stille« aufsucht, wird er oder sie bei sich selbst ankommen. Ich persönlich erfahre dies auch als ein spirituelles Geschehen. Denn wenn ich näher zu mir selbst finde, erahne ich zugleich einen umfassenderen Grund, der mich und alles von innen her trägt. Und umgekehrt: Je mehr ich in Berührung komme mit dem göttlichen Geheimnis, umso mehr komme ich in Kontakt mit mir und der Welt. Die *Reise ichwärts* und die *Reise ins Herz der Welt* gehören zusammen.

In zahlreichen Variationen erzählen Märchen von jungen Frauen und Männern, die ihre wahre Identität nicht kennen. Sie meinen, Tochter einer einfachen Magd oder Sohn eines Bauern zu sein, doch in Wahrheit entstammen sie Adels- oder Königshäusern oder sind gar Töchter oder Söhne von Göttern. Oft brechen sie – freiwillig oder vertrieben – aus ihrer scheinbaren Heimat auf und begeben sich auf eine abenteuerliche Reise. Das einzige Ziel ihrer Reise liegt darin, dass sie ihre eigentliche Identität entdecken.

In eine ähnliche Richtung weist die biblische Erzählung, die vom Verlust des Paradieses berichtet: Der Mensch hat seine ursprüngliche Beheimatung verloren. Sein Gespür für seine göttliche Herkunft – und das meint: für das grundlegende Ja, das ihm und allen von jeher gilt – ist beeinträchtigt. Der Mensch hat sich in sich selbst verlaufen und findet nicht mehr zurück. Sein Vertrauen in den großen Zusammenhang, in den er eingebettet ist, ist gestört – und damit auch der Draht zu seinen Mitmenschen und zur Welt als ganzer.

Es zieht sich wie ein roter Faden durch die Bibel: Gott macht sich immer wieder neu auf die Suche nach dem »verlorenen« Menschen – in der Hoffnung, dass der Mensch seiner Freundschaft Glauben schenkt. Und nichts anderes will Jesus vermitteln, wenn er die schöne Nachricht verbreitet, dass jeder und jede unendlich geliebt ist. Güte und Liebe erzwingen nichts und verändern dadurch alles. Menschen finden zu ihrem eigenen Selbst, wenn sie der göttlichen Liebe trauen lernen. Einer Liebe, die sie ganz persönlich meint, und zwar ganz genau sie. Wenn Jesus zur Umkehr ruft, redet er also – entgegen weitverbreiteter Annahme – keinem ethischen Hochleistungssport das Wort. Vielmehr geht es ihm um eine Umkehr der Blickrichtung: Nicht Leistung oder Macht, nicht Besitz oder Sozialprestige entscheiden über den Wert des Menschen, sondern jede und jeder *ist* immer schon Tochter oder Sohn Gottes. Jeder Mensch verdankt sich einem göttlichen Ursprung. Und in jedem und allem spiegelt sich Göttliches.

Der Sinn von Religion liegt darin, dass sie inspiriert und unterstützt auf der Reise ins wahre Leben. Und spirituelle Übungen wie Gebet oder Meditation zielen darauf, dass sich die Wahrnehmung verfeinert: dass meine Augen für einen Moment sehen und meine Ohren für einen Moment hören, was mich und alles im Grunde immer schon umgibt und von innen her trägt: göttliches Leben. Und dass ich mich in dieses Leben hineinfallen lasse.

Doch leider herrscht auch in den Kirchen oft ein latenter Druck, permanent an sich arbeiten und sich verbessern zu müssen. In einer Art Würdigkeitswettbewerb versucht man nachzuweisen: »Ich gehöre der richtigen Gruppe an, glaube an die einzig wahren Sätze und praktiziere die korrekten Rituale« – und bezieht daraus seinen Selbstwert. Und es stimmt äußerst traurig, dass der Aufruf Jesu zur Umkehr im Lauf der Geschichte meistens mit »Tut Buße!« übersetzt worden ist (vgl. Markus 1,15; Matthäus 4,17). Doch wörtlich steht da, man soll seinen Geist ändern, seine Geisteshaltung, seine Grundeinstellung. Es geht also nicht um äußerliche Bußübungen, sondern um einen neuen Blick auf sich selbst und die Welt: um die frohe Botschaft, dass jeder Mensch von Gott vor aller Leistung geliebt ist.

Der Glaube an diese Zusage macht freier vom Zwang, mir meinen Wert beweisen zu müssen. Er lässt Minderwertigkeitsgefühle schrumpfen. Und er lässt mich einstimmen in das Ja zu mir selbst, weil mir dieses von Beginn an zugesprochen ist. Je mehr jemand die Kraft der Liebe erfährt, umso freier wird er von der Angst, nicht zu genügen. Eine solche Person lebt von innen her: aus dem Gespür für die eigene Würde und die eines jeden Menschen. Und das Interessante ist: Wie von selbst wachsen der Wunsch und die Fähigkeit, so zu leben, wie es einem selbst und den anderen entspricht.

Leben mit offenen Fragen

Es wäre zu kurz gedacht zu meinen, der Glaube befreie von Angst und Neid, von innerer Zerrissenheit und Selbstzweifeln. Wer den Glauben als Sprungbrett ansieht, um bedrängenden Gefühlen und Fragen zu entkommen, irrt. Denn selbst mit Gottes Hilfe lässt sich kein spiritueller Salto an der Wirklichkeit vorbei machen. Ich halte es für eine nachvollziehbare, aber infantile Versuchung, den Glauben wie ein Betäubungsmittel zu missbrauchen, um Angst oder innere Zerrissenheit zu narkotisieren. Vielmehr kann er den Mut freilegen, auch die schlimmen Zeiten zu ertragen, in denen wir Vertrauen und Hoffnung verlieren. Wenn wir uns mit uns selbst und der Welt nicht mehr auskennen, will der Glaube Mut machen, mit offenen Fragen zu leben. Gerade auch, wenn es um die Frage nach dem Sinn unseres Leides geht. Eine Frage, auf die es oft keine Antwort gibt.

Eindrücklich zeugen Tagebuchaufzeichnungen von Dietrich Bonhoeffer von einem solch beherzten Leben. Der am 5. April 1943 verhaftete und auf den Tag genau zwei Jahre später hingerichtete evangelische Theologe Bonhoeffer schreibt in seiner Einzelhaft in Zelle Nr. 92 – einem Raum von zwei mal drei Metern – im Juli 1944:

Wer bin ich? Sie sagen mir oft,
ich träte aus meiner Zelle
gelassen und heiter und fest
wie ein Gutsherr aus seinem Schloß.

Wer bin ich? Sie sagen mir oft,
ich spräche mit meinen Bewachern
frei und freundlich und klar,
als hätte ich zu gebieten.

Wer bin ich? Sie sagen mir auch,
ich trüge die Tage des Unglücks
gleichmütig, lächelnd und stolz,
wie einer, der Siegen gewohnt ist.

Bin ich das wirklich, was andere von mir sagen?
Oder bin ich nur das, was ich selbst von mir weiß?
Unruhig, sehnsüchtig, krank, wie ein Vogel im Käfig,
ringend nach Lebensatem, als würgte mir einer die
Kehle,
hungernd nach Farben, nach Blumen, nach Vogel-
stimmen,
dürstend nach guten Worten, nach menschlicher Nähe,
zitternd vor Zorn über Willkür und kleinlichste
Kränkung,
umgetrieben vom Warten auf große Dinge,
ohnmächtig bangend um Freunde in endloser Ferne,
müde und leer zum Beten, zum Denken, zum Schaffen,
matt und bereit, von allem Abschied zu nehmen?

Wer bin ich? Der oder jener?
Bin ich denn heute dieser und morgen ein andrer?
Bin ich beides zugleich? Vor Menschen ein Heuchler
und vor mir selbst ein verächtlich wehleidiger
Schwächling?
Oder gleicht, was in mir noch ist, dem geschlagenen
Heer,
das in Unordnung weicht vor schon gewonnenem Sieg?

Wer bin ich? Einsames Fragen treibt mit mir Spott.
Wer ich auch bin, Du kennst mich, Dein bin ich,
o Gott![7]

Was andere in ihm sehen und wie er sich fühlt – Bonhoeffer bekommt es nicht zusammen. Wirkt er von außen wie ein stolzer Schlossherr, so sieht Bonhoeffer sich selbst als kleinen Vogel, der im Käfig eingesperrt ist. Während ihn andere als gelassen und heiter beschreiben, kocht er innerlich vor Zorn über die Kränkungen und die Willkür der Haft. Und er fragt: »Bin ich beides zugleich?«

Bonhoeffer lässt die Frage offen! Er hält es aus, dass er die Widersprüche nicht auf einen Nenner bringen kann, und löst seine Zerrissenheit nicht auf. Und in dieser dunklen Stunde wird sichtbar, wodurch er sich letztlich gehalten erfährt: »Gott weiß um mich und meine Selbstzweifel!«

Das wird für Bonhoeffer zum Rettungsanker im Meer der einsamen Fragen. Im Angesicht Gottes zu leben, schenkt ihm eine Identität, die tiefer reicht als alles Bewusstsein und alle Zerrissenheit. Verunsichert, wer er selbst ist, legt er sich in die Hände eines anderen, in die Hände Gottes.

KAPITEL DREI

DUWÄRTS

DAS SCHÖNE WAGNIS, JEMANDEM ZU VERTRAUEN

Der kleine Prinz wohnt auf einem winzigen Asteroiden. Die einzige Rose, die dort wächst, pflegt er mit großer Sorgfalt. Eines Tages verlässt er, auf der Suche nach einem Freund, seinen Stern. Auf seiner Reise begegnet er Erwachsenen, die nur mit sich selbst beschäftigt sind. Alle wohnen auf ihrem eigenen Planeten, Lichtjahre voneinander entfernt. Auf dem siebten Planeten, den er betritt, der Erde, begegnet der kleine Prinz einem Fuchs. Wenn du einen Freund haben willst, dann zähme mich, sagt der Fuchs. Der kleine Prinz versteht nicht, was er meint. Es bedeute, *sich einander vertraut zu machen,* erklärt der Fuchs und fährt fort: »Du bist für mich noch nichts als ein kleiner Knabe, der hunderttausend kleinen Knaben völlig gleicht. Ich brauche dich nicht, und du brauchst mich ebenso wenig. Ich bin für dich nur ein Fuchs, der hunderttausend Füchsen gleicht. Aber wenn du mich zähmst, werden wir einander brauchen. Du wirst für mich einzig sein in der Welt. Ich werde für dich einzig sein in der Welt … Wenn du mich zähmst, wird mein Leben wie durchsonnt sein. Ich werde den Klang deines Schrittes kennen, der sich von allen andern unterscheidet. Die anderen Schritte jagen mich unter die Erde. Der deine wird mich wie Musik aus dem Bau locken. Und dann schau! Du siehst da drüben die Weizenfelder? ... Für mich ist der Weizen zwecklos. Die Weizenfelder erinnern mich an nichts. Und das ist traurig. Aber du hast weizenblondes Haar ... Das Gold der Weizenfelder wird mich an dich erinnern.« [8]

Der kleine Prinz nimmt sich Zeit, damit eine Freundschaft entstehen kann: Er setzt sich jeden Tag ein Stückchen näher an den Fuchs heran, damit sie einander immer vertrauter werden. Als der Abschied naht, wird der Fuchs traurig. Das sei seine Schuld, sagt der kleine Prinz. Er habe ihm nicht wehtun wollen, doch weil der Fuchs gezähmt werden wollte, wird dieser nun weinen. Und der kleine Prinz fährt fort: »So hast du also nichts gewonnen!«

»Ich habe die Farbe des Weizens gewonnen«, antwortet der Fuchs und schickt den kleinen Prinzen nochmals in den Garten zurück, wo unzählige Rosen wachsen. Der kleine Prinz, der geglaubt hatte, seine Rose wäre nur eine unter Hunderttausenden, versteht nun, dass sie einzigartig in der Welt ist. Denn er hatte sich mit ihr vertraut gemacht.

1. Schiebetür-Augenblicke

Die Geschichte »Der kleine Prinz« von Antoine de Saint-Exupéry kennt fast jeder. Bereits vor über hundert Jahren verfasst, spricht das Märchen bis heute Kinder und Erwachsene gleichermaßen an – und dies überrascht nicht, denn es zeigt, worauf es im Leben ankommt: auf Freundschaft und Liebe.

Wir leben vielleicht in einer Großstadt unter hunderttausend anderen, jeden Tag begegnen wir Hunderten von

Menschen. Aber damit eine Stadt für uns zur Heimat wird, dazu brauchen wir nur wenige uns wichtige Menschen. Liebe macht eine andere Person für uns einzigartig und unersetzbar – und umgekehrt. Erich Fried drückt diese umwerfende Erfahrung mit den schönen Worten aus: »Für die Welt bist du irgendjemand, aber für irgendjemanden bist du die Welt.« Kaum etwas anderes vermittelt uns eine größere Geborgenheit und Beheimatung als eine solche Beziehung!

Alltägliche Dinge erscheinen in einem neuen, warmen Licht: Da erinnert mich das Café an der Straßenecke an unser Kennenlernen, oder das Jucken in der Nase signalisiert, dass der andere an mich denkt. Wie in der Erzählung der kleine Prinz dem Fuchs Vertrauen einflößt, so lockt mich eine vertraute Person aus meinem Bau hervor, in den ich mich an schlechten Tagen oder bei Gefahr verkrieche. Mit ihr kann ich offen sprechen, mich ratlos und bedürftig zeigen oder ihr meine verrückten Ideen präsentieren.

Vertrauen ist die Basis einer solchen Beziehung. Ist dieser Grundstein gelegt, dann können wir als Paar ein gemeinsames Konto führen oder zusammen eine Wohnung kaufen. Wenn wir einander vertrauen, dann wird Ungeahntes möglich. Doch ein solches Vertrauen fällt nicht vom Himmel!

Erstens: Vertrauen baut sich – wie zwischen dem Fuchs und dem kleinen Prinzen – *langsam auf.* Dabei kommt es selten auf die großen Gesten an. Winzige Augenblicke stärken unser Vertrauen, oder knacksen es an. Der Paarforscher John Gottmann spricht von »Schiebetür-Augenblicken«.

Angenommen, Sie sehen sich einen spannenden Krimi an und wollen unbedingt wissen, wie er ausgeht. Irgendwann gehen Sie in die Küche, um sich etwas zu trinken zu holen. Ihr Partner oder Ihre Partnerin deckt dort gerade den Tisch und macht einen tieftraurigen Eindruck. Ein »Schiebetür-Augenblick«: Sie können sich aus dem Staub machen mit dem Gedanken: »Oh, heute Abend nicht!« Oder Sie können sich an den Küchentisch setzen und fragen, was los ist.

Natürlich entscheidet nicht *ein* solcher Augenblick über eine Beziehung. Doch in jeder Begegnung stehen wir vor der Wahl, Verbundenheit mit dem anderen aufzubauen oder uns abzuwenden.

Zweitens: Es ist und bleibt ein Wagnis, einander zu vertrauen. Denn einerseits brauchen wir Sicherheit in unseren Beziehungen, um uns öffnen zu können. Andererseits aber wächst die Gewissheit: »Ich kann auf dich bauen«, allein in dem Maß, als wir das Risiko eingehen, jemandem Vertrauen zu schenken. *Vertrauen ist wie das Gehen über eine Brücke, die gerade erst – und zwar Schritt für Schritt – gebaut wird.* Wir müssen den jeweils nächsten Schritt wagen und damit riskieren, verletzt zu werden. Warten wir auf klare Anzeichen, wann wir uns gefahrlos zeigen können, so warten wir vergeblich. Eine solche Sicherheit gibt es nicht. Wenn wir aber erleben, dass sich der mutige Vertrauensvorschuss bewährt, so kann das Vertrauen weiter wachsen. *Vertrauen ist das Ergebnis von riskierter Verletzlichkeit!*

2. Wer Liebe will, muss Verletzlichkeit wagen

Wer fällt oder sich fallen lässt, geht das Risiko ein, sich Schrammen zu holen. »Sich verlieben« heißt im Englischen »to fall in love«. Diese Redewendung nimmt das Verletzungsrisiko sprachlich auf. Ähnlich deutet der Satz »Ich mag dich leiden« an, dass Liebe und Verletzlichkeit zwei Seiten einer Medaille bilden. Und in der Tat: »Niemals sind wir so verletzlich, als wenn wir lieben!« (Sigmund Freud)

Wenn ich einer anderen Person meine Liebe gestehe, ohne zu wissen, ob meine Gefühle erwidert werden, riskiere ich mich. Wenn ich täglich neu auf die Liebe des Partners baue, der vielleicht treu ist bis in den Tod – oder mich morgen schon betrügt –, lasse ich zu, dass ich enttäuscht oder verletzt werden kann. Wenn ein geliebter Mensch leidet und ich ihm nicht helfen kann, zerreißt es mein Inneres. Ähnlich fühlt es sich an, wenn jemand in sein Unglück rennt und ich ihn davon nicht abhalten kann. Und wenn eine Beziehung zerbricht oder die Partnerin stirbt, geht für manche eine ganze Welt unter. Tiefe Freundschaften und Liebesbeziehungen werden uns immer wieder auch zum Weinen bringen – wie den Fuchs beim Abschied vom kleinen Prinzen ... Verletzlichkeit steht am Ursprung von Freundschaft und Liebe und bleibt eine ihrer Grundbedingungen.

Großartig drückt dies C.S. Lewis aus: »Lieben heißt, verletzlich zu sein. Liebe irgendetwas, und dein Herz wird mit Sicherheit durch einen Schleudergang gehen und vielleicht gebrochen. Wenn du sicherstellen willst, dass ihm nichts passiert, darfst du es niemandem schenken, nicht einmal einem Tier. Verpack es sorgfältig in Hobbys und ein wenig Luxus, meide jede Verwicklung. Verwahre es sicher in der Schatulle oder dem Sarg deiner Selbstsucht. Aber in dieser Schatulle, sicher, dunkel, unbeweglich, ohne Luft, wird es sich verändern. Es wird nicht gebrochen werden, es wird unzerbrechlich, undurchlässig, hoffnungslos. Lieben heißt, verletzlich zu sein.«[9]

Mit großer Spannung habe ich Studien der Autorin und Sozialwissenschaftlerin Brené Brown gelesen, die untersucht: Was befähigt Menschen, erfüllende Beziehungen zu führen? In zahlreichen Interviews hat Brown festgestellt: Personen, die sich mit anderen verbunden fühlen, bringen dies in einen direkten Zusammenhang mit einer wesentlichen Fähigkeit: dass sie sich in einer Beziehung verletzlich machen können und die eigenen Unvollkommenheiten nicht schamhaft verbergen müssen.

Sich zu öffnen und damit verwundbar zu werden kann bedeuten: Ich erzähle meinem Freund von meiner Panik, zur Krebsvorsorge zu gehen. Ich schlucke meine Enttäuschung nicht hinunter, dass meine Frau den Hochzeitstag vergessen hat, sondern gestehe ihr, wie traurig mich das gemacht hat. Ich wage es, um etwas zu bitten, anstatt um jeden Preis allein klarzukommen. Ich spreche von meiner Scham, dass ich auch heute wieder einen weiten Bogen um das Telefon gemacht habe, weil mir der Mut fehlt, meinen Schwiegersohn anzurufen und mich bei ihm zu entschuldigen.

Wagen wir es, uns ehrlich zu zeigen, dann geben wir uns selbst ein Stückchen preis. Unsere Offenheit kann schmerzhaft zurückgewiesen werden oder ins Leere laufen. Sie kann aber auch die gegenseitige Nähe vertiefen oder erneuern. Natürlich, es braucht Mut, die Grenzen zu überschreiten, die unsere Angst und Scham um uns errichten! Doch nur, wenn wir in unseren Freundschaften und Liebesbeziehungen solche Schritte ins Ungewisse wagen, geben wir unserer Beziehung die Chance, dass sie lebendig bleibt und sich vertieft. Der Grundrhythmus von Freundschaft und Liebe »is simple, but not easy«: Je offener und verletzlicher wir uns einander zeigen, umso mehr berühren wir einander innerlich. Und je mehr wir uns einander nähern, umso bereichernder erfahren wir unsere Beziehung.

Die amerikanische Psychotherapeutin Virginia Satir hält fest: »Ich glaube, das größte Geschenk, das ich von jemandem bekommen kann, ist, dass er mich sieht, mir zuhört, mich versteht und mich berührt. Das größte Geschenk, das ich einem anderen Menschen machen kann, ist, ihn zu sehen, ihm zuzuhören, ihn zu verstehen und ihn zu berühren. Wenn das gelingt, habe ich das Gefühl, dass wir uns wirklich begegnet sind.«[10]

Was kann das in einer Freundschaft oder Partnerschaft konkret bedeuten? Drei Hinweise: Erstens, triviale Dinge sollen nebensächlich bleiben und nicht aufgebläht werden. Zweitens, es ist wichtig, die eigene Innenwelt dem anderen mitzuteilen. Und drittens, Scham kann ein Signal sein, dass wir etwas nicht länger verbergen sollten.

Belanglosigkeiten sollen belanglos bleiben

Christine kommt spät von der Arbeit zurück. Ihr Mann Stefan freut sich darauf, die Reiseführer anzuschauen, um den gemeinsamen Urlaub zu planen. Doch Christine hat die vorbestellten Bücher nicht abgeholt. Er verliert die Fassung: Wie konnte sie das nur vergessen! Sie ärgert sich, dass er nicht sieht, wie viel sie arbeitet. Wie bei einem Pingpongspiel fliegen erbitterte Vorwürfe hin und her. Türen knallen. Beide fühlen sich unverstanden und verkriechen sich in ihrem Bau.

Am nächsten Abend fasst Stefan den Mut, aus seiner Schmollecke herauszukommen und von seinen Gefühlen zu erzählen. Es entwickelt sich ein Gespräch, in dem die unsicheren Gefühle der beiden Raum bekommen – Gefühle, die ihrer und seiner Wut jeweils zugrunde liegen: Stefans Schmerz, dass er Christine anscheinend so wenig bedeutet. Christines Verzweiflung, dass er ihre Leistung nicht sieht und anerkennt.

Die beiden erreichen einander, fühlen sich verstanden. Und sie sehen, welche bedrohlichen Ängste bei ihnen beiden mitschwingen. Indem sie die Ängste teilen, die sie voreinander haben, entdecken sie, dass diese mehr mit ihrer eigenen Kindheitsgeschichte zusammenhängen als mit der konkreten Situation heute.

Wenn es gelingt, einander zu erreichen, dann mutieren Mücken nicht zu Elefanten. Dann bleiben vergessene Reiseführer vergessene Reiseführer. Sie wandeln sich nicht zum Schreckgespenst, dass ich dem anderen gleichgültig und nicht liebenswert bin. Mache ich jedoch die Schotten dicht und verschließe mich in meiner eigenen Welt, dann verwandeln sich liegen gebliebene Bücher in den bedrohlichen Beweis, dass der andere mich bald sitzen lässt.

Es wird deutlich: Nähe entsteht, wenn wir unsere Innenwelt sichtbar machen, die für den anderen verborgen ist. Wenn wir es riskieren, uns mit unseren weichen Seiten und Gefühlen ins Spiel zu bringen. Nähe schwindet, wenn wir innerlich zumachen: wenn wir verbergen, was und dass überhaupt etwas in uns vorgeht.

Macht jemand seine innere Welt sichtbar, dann bewegt er sich auf den anderen zu. Brené Brown prägt für diesen Prozess die schöne Formulierung: »*Die Geschichte, die ich mir gerade erzähle*«. Erzählen wir dem anderen, welche Geschichte wir uns im Stillen gerade erzählen, dann birgt dies viele Chancen: Wir klagen den anderen nicht an, sondern erzählen von *unserem* bedrängenden Gefühls- und Gedankenkino. Weil der andere in keine Rechtfertigungsposition gedrängt wird, wird es ihm leichterfallen, wirklich zuzuhören. Zugleich zeigen wir, dass uns die andere Person wichtig ist. Wir teilen unsere innere Welt mit ihr, damit diese nicht zwischen uns steht. Und schließlich nehmen wir eine distanzierte Haltung zu uns selbst ein. Wir schauen gewissermaßen von außen auf den Kinosaal. Wenn wir dann einen Realitätsabgleich machen, kommen wir möglicherweise zu der befreienden Einsicht: »Glaub nicht alles, was du denkst!«

Bis hierher und nicht weiter

Bereits im 4. Jahrhundert vor Christus betonte der griechische Philosoph Aristoteles: Eine echte Freundschaft beruht auf Gegenseitigkeit und auf dem herzlichen, wohlwollenden Wunsch, dass es unserem Gegenüber um seiner selbst willen gut geht. Ähnliches gilt für die Liebe. Wir alle wollen, dass der Mensch, den wir lieben, sich in unserer Gesellschaft wohlfühlt und unsere Nähe sucht. Und niemand möchte einen Freund oder eine Freundin angreifen oder verletzen. Doch diese Wünsche können zu einem Fallstrick werden – dann nämlich, wenn sie einen hindern, sich selbst und dem anderen gegenüber aufrichtig zu sein. Das passiert etwa dann, wenn man »um der Liebe willen« nicht deutlich Grenzen zieht. Oder es unterlässt, für sich und seine Anliegen einzutreten.

Es fällt leichter, einem unfreundlichen Kellner gegenüber Grenzen zu setzen als gegenüber einer Freundin oder dem Partner. Warum? Zum einen wollen wir nicht unsererseits Grenzen überschreiten und die geliebte Person einengen, beschämen oder kränken. Zum anderen bohrt der Schmerz, dass ausgerechnet *dieser* Mensch, der einen doch so gut kennen sollte wie sonst niemand, sich so unsensibel verhält!

Wir fürchten diese dunklen Gefühle, weil sie wehtun, und weil sie die ständig lauernde Sorge nähren, dass unsere Beziehung zerbrechlich ist. Wir fürchten die Reaktion unseres Gegenübers: Wir haben Angst, ihm oder ihr zur Last zu fallen, sie zu enttäuschen, zu bedürftig, zu eigenwillig, ja irgendwie falsch zu sein. Daher verschließen wir uns. Wir ignorieren die irritierende Distanz, die wir fühlen, und verbergen, was in uns vorgeht. Wir möchten nichts unternehmen, was die Nähe gefährdet. Aber genau dadurch bringen wir sie in Gefahr!

Angenommen, ich fühle mich bedrängt durch die überschwängliche Begeisterung meiner Freundin, die sie ständig an den Tag legt. Ich fühle mich regelrecht genötigt, mitziehen zu müssen. Natürlich kann ich meinen Missmut besänftigen, indem ich mir sage: »Sie meint es ja nicht böse, sondern merkt einfach nicht, wie mir ihr Verhalten auf den Keks geht.« Vermutlich werde ich mit dieser Einschätzung richtigliegen. Doch nun kommt es auf die richtigen Schlussfolgerungen an! Wenn ich meine Not und meinen Ärger ständig hinunterschlucke, türmt sich in meinem Innern eine wachsende Müllhalde auf. Und deren Bitterstoffe werden mich und die Beziehung schleichend belasten.

Vor allem aber weist der entlastende Gedanke: »Sie merkt einfach nicht, wie sie mich nervt«, auf den entscheidenden Punkt hin: Unsere Gefühlsgrenzen sind für den anderen weitgehend unsichtbar. Es führt kein Weg daran vorbei: Wir müssen einander anvertrauen, wodurch wir uns getroffen oder gekränkt fühlen. Oder auch, wo wir uns einfach nur unbehaglich fühlen und was wir uns wünschen. Natürlich machen wir uns dadurch angreifbar. Wir legen unsere Alltagsrüstung ab und geben die Kontrolle ein Stück aus der Hand. Und wir gehen das Risiko ein, dass wir den anderen enttäuschen, verunsichern oder verletzen. Doch nur, wenn wir uns deutlich und sichtbar zeigen, kann unsere Beziehung ein guter, sicherer Ort sein! Dann können wir einander nahekommen, ohne dass wir uns bedrängt oder ausgeliefert fühlen.

Wenn Scham ermutigt, sich zu öffnen

»Geliebt wirst du einzig, wo du schwach dich zeigen darfst, ohne Stärke zu provozieren.« Dieser Satz des Philosophen Theodor W. Adorno hat mich bereits in meiner Studienzeit fasziniert. Vielleicht, weil mir einiges an Kraft und Stärke in die Wiege gelegt wurde und im Lauf meines Lebens zugewachsen ist. Vielleicht, weil ich Herausforderungen gerne im Alleingang bewältige, weil Autonomie in meiner Werteliste weit oben rangiert und ich niemandem zur Last fallen will. Vor allem aber faszinierte mich der Satz, weil ich intuitiv um die Fülle eines Lebens wusste, in dem auch meine Schwäche und Bedürftigkeit, meine Macken und Meisen ihren Platz haben.

Aber bis heute provoziert mich Adornos Gedanke auch immer wieder! Er weckt Widerstände in mir. Denn ich hasse es wie die Pest, mich schwach und ohnmächtig, angewiesen oder unsicher zu fühlen. Vor allem aber ruft er mich heraus aus meiner sicheren Komfortzone (lat.: provocare = herausrufen). Er lockt mich aus meinem Käfig, in den mich meine Ängstlichkeit und Scham einsperren. Er weckt in mir die Ahnung von einem ganzheitlicheren, glücklicheren Leben – von einem Leben, das weniger zerstückelt ist.

»Geliebt wirst du einzig, wo du schwach dich zeigen darfst, ohne Stärke zu provozieren.« Nach einer solchen Liebe lechzen alle. Jede Person will sich so angenommen und geliebt erfahren, wie sie ist – mit ihren Begrenzungen und Eigenheiten, mit ihrer Schuld und Schwäche. Und ich persönlich glaube, dass sich in der Tiefe ihres Seins alle wünschen, selbst auch so lieben zu können.

Solche befreienden, heilenden Beziehungen können nur wachsen, wenn man sich ungeschminkt zeigt. Und dafür muss Tag für Tag das Hindernis genommen werden, das alldem im Weg steht: die Scham.

Die Scham bildet nicht nur einen Stolperstein auf dem Weg *ichwärts*. Sie hindert uns auch daran, in Beziehungen den Schritt in die Verletzlichkeit zu wagen. Sie flüstert: »Das dürfen die anderen von dir nicht sehen!«, und raubt einem den Mut, sich offen zu zeigen. Besonders in nahen Beziehungen entfaltet Scham ihre Macht. Denn nichts ängstigt uns mehr, als von Menschen, die wir lieben, abgelehnt oder verächtlich belächelt zu werden. Wir schämen uns für unsere Schwächen und fürchten, links liegen gelassen oder angegriffen zu werden. Wir fürchten, nicht mehr als liebenswert zu erscheinen, wenn wir unser inneres Kuddelmuddel outen. Wir haben Angst, die Zuneigung unseres Partners oder unserer Freundin zu verlieren, wenn wir das von uns sehen lassen, was uns peinlich oder abgedreht vorkommt.

Doch genau an diesem Punkt entpuppt sich Scham als ein wichtiges Signal! Wenn Scham uns dazu verleitet, dass wir mit wichtigen Dingen hinterm Berg halten, dann signalisiert sie uns: »Achtung, du beeinträchtigst eure Nähe, indem du auf Tauchstation gehst!« Denn darin erweist sich echte Liebe: Dass wir uns nicht verstecken müssen, sondern uns auch schwach und erbärmlich zeigen können, ohne dass wir beim anderen triumphierende Stärke oder gönnerhafte Überlegenheit hervorrufen. In dieser unglaublich schönen Erfahrung liegt die heilende und befreiende Kraft guter Beziehungen! All das zeigt: *In Liebesbeziehungen und echten Freundschaften wird Scham zum Signal, dass wir etwas nicht länger verbergen sollten!*

Dieser Gedanke weckt vermutlich Widerstände. Um das Gemeinte zu verdeutlichen, daher ein Beispiel: Angenommen, ich schaue mit meinem Partner Fotos an. Lachend flapsig kommentiert er: »Damals warst du noch richtig schlank.« Autsch, das trifft! Vielleicht gehe ich zum Gegenangriff über. Oder ich versuche, darüber hinwegzugehen, indem ich mir einrede: »Das hat er sicher nicht so gemeint. Jeder macht mal 'ne blöde Bemerkung. Sei nicht so kleinlich! Vergiss es einfach!« Doch der angestrengte Versuch, die Bemerkung zu vergessen, entpuppt sich als vergebliche Liebesmüh. Sie nagt in mir. Und wenn ich ehrlich bin: »Hat er nicht recht mit seiner uncharmanten Bemerkung?« Und schon wachsen meine Selbstzweifel ins Bedrohliche. Und ich frage mich, ob er mich noch attraktiv findet.

Zu zeigen, wie sehr uns ein solcher Spruch verunsichert, anstatt unser bewährtes Alltagsgesicht aufzusetzen oder zum Gegenangriff zu blasen, kostet viel Überwindung. Wir schämen uns für unser Aussehen. Wir schämen uns dafür, dass wir uns so klein und unsicher fühlen. Außerdem jagt uns die Vorstellung einen Schrecken ein, dem anderen unsere Gedanken und Gefühle zu zeigen. Denn werden wir uns dann nicht schwach und ausgesetzt vorkommen? Wie nackt auf dem Präsentierteller …

Fassen wir in dieser Situation den Mut, auf den anderen zuzugehen, dann kann sich das anfühlen, als ob wir durch Klebstoff waten. Wir wagen einen Schritt in die Verletzlichkeit hinein. Und dadurch geben wir dem anderen und uns selbst die Chance, dass wir wieder zueinanderfinden und Nähe neu wachsen kann.

Unverschämt handeln

Natürlich gilt es abzuwägen, in welchem Rahmen man wie viel von sich preisgibt. Um etwas Schwieriges anzusprechen, braucht es den richtigen Augenblick und die volle Aufmerksamkeit des anderen. In Momenten der Wut und Enttäuschung kann es klüger sein, die Sache ein wenig ruhen zu lassen. Dann kann sich die nötige Ruhe und Gelassenheit einstellen, um darüber zu sprechen.

Aber man sollte es auch nicht immer wieder aufschieben – denn der andere muss sich an die Situation erinnern können. Und oftmals hat unser Gegenüber durchaus gemerkt, dass da irgendetwas nicht stimmte, auch wenn er es nicht in Worte fassen konnte.

Scham kann wie ein Seismograf wirken, der anschlägt, wo wir mit uns und mit dem anderen im Unreinen sind. Scham macht darauf aufmerksam, wo wir einen Schritt setzen können, der zu einem heileren, beziehungsreicheren Leben führt.

In der christlichen Spiritualität wird dieses Prinzip »contra agere« (lat.: dagegen angehen) genannt: Wenn Angst oder Scham einen festsetzen wollen, dann gilt es, diesem Impuls genau entgegengesetzt zu handeln. Denn nur so wird die eigene Freiheit wachsen, und nur so werden Beziehungen an Tiefe gewinnen. Wer dies tut, gibt dem Göttlichen Raum. Denn der göttliche Geist ist ein Geist der Freiheit und der Liebe!

Wenn es in meinen Freundschaften oder in anderen Beziehungen kriselt, warte ich persönlich – wider besseres Wissen – oft immer noch zu lange, bis ich meine Gefühle offenlege. Den Schritt in die Verletzlichkeit zu wagen bleibt eine Hürde! Sie zu nehmen, fällt mir im Lauf der Jahre zwar leichter, aber einfach wird es wohl nie. Gerade deswegen will ich das »contra-agere«-Prinzip beherzigen, wenn Angst oder Scham in mir aufsteigen. Und dieses Prinzip bewährt sich. Denn es hilft mir, einen meiner persönlichen Leitsätze in meinen Alltag zu übersetzen, nämlich: Ich will mehr auf mein Vertrauen setzen, als meiner Angst gehorchen. Ich will meiner Sehnsucht nach Liebe mehr Gewicht geben als meinem Zweifel an mir und anderen.

3. Offene Baustellen

Zu den tiefsten Verletzungen unseres Lebens gehören Beziehungswunden! Der Schmerz geht tief, wenn wir erfahren müssen: Die geliebte Person an meiner Seite hat noch einen anderen. Sie verbündet sich mit meiner Schwiegermutter gegen mich. Sie plaudert Anvertrautes weiter. Sie gibt leichtfertig unser gemeinsam erspartes Geld aus. Sie lässt mich im Regen stehen.

In solchen Situationen tritt eine schmerzliche Wahrheit zutage: Niemals sind wir ungeschützter, als wenn wir lieben. Denn je größer unsere Zuneigung ist, desto näher lassen wir unser Gegenüber an uns heran. Wir legen unsere Schutzschilde ab. Ein boshafter Stich kann ins Mark treffen.

Wie mit Kränkungen umgehen? Es gibt so etwas wie eine *alltägliche Versöhnungskultur,* die hilft, mit den unerwarteten Wendungen des täglichen Lebens zurechtzukommen. Dazu gehört der gesunde Realismus, dass der andere – wie ich selbst – gedankenlos handeln oder einen schlechten Tag haben kann. Dass jedem mal eine dumme Bemerkung rausrutscht; dass wir alle Fehler machen und der Nachsicht bedürfen. Dazu gehört auch, eine Nacht darüber zu schlafen. Denn oft zeigt sich mit etwas Abstand, dass eine Sache gar nicht so schlimm ist, wie sie sich im ersten Augenblick angefühlt hat.

Doch gerade in intimen Beziehungen passiert es immer wieder, dass wir – ob bewusst oder unbewusst – tief getroffen werden oder dass wir die andere Person schwer kränken. Hier führt eine alltägliche Versöhnungskultur leider oft nicht weiter. Die Wunde sitzt einfach zu tief. Und angestrengte Selbstaufforderungen wie: »Komm, vergiss es! Die Sache ist doch schon so lange her«, bleiben wirkungslos.

Der Kern einer Kränkung liegt darin, dass sie uns an einem hochsensiblen Punkt angreift: am Selbstwertgefühl. Jeder will sich als wertvoll und liebenswürdig erfahren. Jeder will für andere eine Bedeutung haben. Und für jene Menschen, die wir lieben, wollen wir einmalig und unersetzbar sein. Erleben wir uns in einer Freundschaft oder Liebesbeziehung als Person infrage gestellt, dann mobilisiert dies unsere latent vorhandene Selbstunsicherheit. Und es schwächt jenes Vertrauen, auf das es in einer Partnerschaft fundamental ankommt: Dass der geliebte Mensch an meiner Seite wirklich zu mir und zu unserer Beziehung steht. Dass er sich dafür einsetzt, dass wir zusammenbleiben. Dass ich die Person bin, die er will. Und dass er für mich da sein wird, wenn ich ihn brauche. Zieht sich ein Riss durch dieses Vertrauen, dann zweifeln wir daran, ob unser Gegenüber uns liebt.

So etwa jener Mann, der voll Bitterkeit ausspuckte: »Meine Frau ist lieber mit ihrer Laufgruppe joggen gegangen, als mich zum Geschäftsessen zu begleiten. Dabei ist dort meine Beförderung gefeiert worden!« Sosehr der Mann sich auch anstrengte: Die Sache cool zu nehmen, gelang ihm nicht. Er fühlte sich zurückgesetzt. Nicht gewollt. Und seine seit Längerem schwelende Befürchtung loderte auf, ob seine Ehefrau ihn wirklich noch liebt.

Ich fand es ausgesprochen mutig, dass der Mann die Geschichte nicht einfach unter den Teppich kehrte. Er stellte sich seinen dunklen Gefühlen und Gedanken. Er war bereit, seine Unsicherheit wahrzunehmen. Und er begrub die Illusion, überlegen und unverwundbar zu sein – eine für viele Männer große Herausforderung.

Es war für ihn ein Schock, als er erkannte, wie sehr ihn die ganze Geschichte verletzt hatte und wie unsicher er sich in seiner Beziehung mit seiner Frau fühlte. Aber es war auch ein *heilsamer* Schock: Denn er begann, die zugefügte Kränkung innerlich zu verarbeiten. Und anstatt sich weiterhin hinter seiner Wut zu verschanzen, wagte er einen Schritt aus der Deckung heraus und erzählte seiner Frau »die Geschichte, die er sich gerade erzählte«.

Verschiedene Rezepte, wie man vor Wut kocht

Von einem nahestehenden Menschen verletzt zu werden, tut äußerst weh. Und wenn man uns wehtut, werden wir wütend. Je nach Veranlagung und Biografie neigen Menschen zu unterschiedlichen Reaktionen.

Die einen richten ihre Wut eher nach außen: Sie schimpfen und streiten, sie attackieren den anderen mit Vorwürfen oder machen ihn süffisant nieder – nach dem Motto »Angriff ist die beste Verteidigung«. Das Motto mag in manchen Situationen zutreffen. Aber in Freundschaft und Liebe ist Angriff *nicht* die beste Verteidigung! Im Gegenteil: Die Kluft vertieft sich, und der Konflikt droht sich auszuweiten.

Andere wenden ihre unterdrückte Aggression eher gegen sich selbst: Sie ergehen sich in Selbstvorwürfen und ziehen sich depressiv zurück. Sie hüllen sich in einen Mantel des Schweigens und sind für den anderen nicht erreichbar. Und damit üben sie eine große Macht aus! Manche formen aus ihrem Ärger einen halsstarrigen Trotz. Oder sie deckeln ihre kochende Wut, bis dem anderen dann auf einmal alles um die Ohren fliegt.

Beide Alternativen heilen weder die eigenen Wunden, noch lösen sie den kränkenden Konflikt. Denn ob wir streiten und kämpfen, ob wir verstummen und resignieren: Die Nähe wird noch poröser, bis sie sich eines Tages ganz auflöst. Wenn wir unseren Schmerz zeigen und unsere Ängste, die wir voreinander haben, dann besteht die Chance, dass wir uns wieder annähern.

Warum denn ich? Warum nicht du?!

Konflikte stellen einen immer wieder vor die Wahl: Behalte ich die entstandene Distanz bei und flüchte in den sicheren Small Talk? Bleibt mein Visier heruntergeklappt? Oder wage ich mich aus der Deckung und gehe einen Schritt auf den anderen zu? Riskiere ich Verletzlichkeit und zeige mich ungeschminkt mit meiner Not und meinem Wunsch nach Nähe?

Je stärker der Schmerz in einem bohrt und das Vertrauen in den geliebten Menschen erschüttert ist, umso schwerer fällt es, auf den anderen offen zuzugehen. Man fühlt sich ohnehin unverstanden und abgelehnt, und jetzt auch noch den ersten Schritt setzen und beim anderen anklopfen? Im Gehirn rattert es: »Bist du denn verrückt?! Was ist, wenn die andere Person dir ihre Tür nicht öffnet oder dich erneut angreift? Willst du wirklich, dass sie mitbekommt, wie viel sie dir bedeutet? Dadurch machst du dich fürchterlich verletzbar! Und außerdem: *Sie* könnte ja auch auf dich zukommen! «

Es braucht eine gehörige Portion Mut, in einer kriselnden Beziehung den ersten Schritt auf den anderen zuzugehen. Denn in der Tat: Wir machen uns erneut verletzlich, wenn wir unseren Partner oder unsere Freundin sehen lassen, wie sehr sie uns getroffen haben. Wenn wir mit ihnen teilen, wie schlecht wir uns fühlen und wie groß unsere Angst um unsere Beziehung ist. Auch hier erweist sich wieder: Vertrauen ist wie das Gehen über eine Brücke, die gerade erst gebaut wird. Warten wir auf klare Anzeichen,

dass wir uns gefahrlos zeigen können, warten wir vergeblich. Wenn wir aber den Brückenschlag wagen und unseren Partner erreichen, dann können wir neu zueinanderfinden.

Zeige deine Wunde

Der Künstler Joseph Beuys hat eine Rauminstallation mit
diesem Titel gestaltet. Die zu sehende Leichenhalle konfrontiert den Betrachter mit der eigenen Vergänglichkeit.
Der Künstler kommentiert: »Zeige die Wunde, weil man
die Krankheit offenbaren muss, die man heilen will.«
Beuys' Installation gibt einen Wink, wie günstige Hei-
lungsbedingungen aussehen: Eine körperliche Wunde
muss bluten können, und es muss Luft an sie herankommen. Ähnliches gilt für Beziehungswunden: Auch sie heilen nur, wenn sie ans Licht kommen dürfen. Wenn sie einen Platz bekommen im gemeinsamen, ehrlichen
Gespräch.

Zieht sich ein Riss durch eine Liebesbeziehung oder
Freundschaft, dann tragen insbesondere jene Gespräche
zur Heilung bei, in denen sich die beiden Konfliktpartner
einander zumuten: Wenn sie einander ihre ambivalenten
Gefühle und Gedanken mitteilen. Wenn ihre ungeklärten
Erwartungen und Verletzungen zur Sprache kommen
können. Und sie einander anvertrauen, welche Fantasien
ihnen durch den Kopf geistern. Eine solche Offenheit
baut innerseelische und zwischenmenschliche Barrieren
ab. Und sie ebnet den Weg zu einer möglichen (aber kei-
neswegs zwangsläufigen) Versöhnung.

Beim Schreiben dieser Zeilen höre ich in meinem Hinter-
kopf schon den Einwand: »Man kann Dinge aber auch

zerreden.« Zweifelsohne kann man das! Und auch ich kenne solche ermüdenden Gespräche. In derartigen Situationen lohnt es sich zu ergründen, woran das liegt. Und es lohnt sich umso mehr, wenn es dabei um die Beziehung mit einem geliebten Menschen geht.

Oft stellt sich der Eindruck des Zerredens ein, wenn ein Gespräch nicht von der Stelle kommt. Wenn man sich im Kreis dreht und die altbekannten Argumente wie in einer Endlosschleife wiederholt werden. All dies sind klare Zeichen dafür, dass niemand den Schritt in die Verletzlichkeit wagt! Denn es kommt zu diesen unfruchtbaren Gesprächen, wenn keiner seine sichere Deckung verlässt und seine uneinsehbare innere Welt dem anderen offenlegt.

Das Argument des Zerredens wird oft von jenen vorgebracht, denen der Mut oder die Fähigkeit fehlt, sich unverstellt zu präsentieren. Sie scheuen davor zurück, ihre eigenen Widersprüche zu sehen. Sie wollen nicht wahrhaben, dass sie nicht so abgeklärt und unangreifbar sind, wie sie es gerne wären. Sie ertragen es nicht, schmerzhafte Gefühle auszuhalten. Und sie fürchten das Eingeständnis, dass sie am verletzenden Eklat Mitverantwortung tragen.

Möglicherweise kommen auch Ihnen solche Widerstände bekannt vor. In diesem Fall ginge es weder darum, dass Sie sich für Ihre Widerstände verurteilen, noch, dass Sie diese brechen. Wenn abwehrende Impulse erst einmal bewusst werden, dann verlieren sie wie von selbst etwas von ihrer Macht. Und Sie können freier mit ihnen umgehen.

Liebe als ein brüchiges Halleluja

Noch einmal sei daran erinnert: Verletzlich zu leben bedeutet nicht, sich ungeschützt den Stürmen des Lebens auszusetzen. Es meint auch keine hemmungslose Offenheit. Im Gegenteil: Gerade unsere Verletzlichkeit trägt uns auf, gut für uns selbst Sorge zu tragen. Und dazu gehört eben auch, zu schauen, wann wir uns wem und in welchem Maß öffnen.

Doch sobald es um eine tiefe Freundschaft oder eine Liebesbeziehung geht, dann gilt: Wenn die Liebe lebendig bleiben soll, dann müssen wir bereit sein zu zeigen, was in uns vorgeht. Vertrauensvolle Nähe und gewagte Verletzlichkeit korrespondieren miteinander.

Die andere Seite dieser Medaille: Liebe ist kein reines Vergnügen und vor allem keine Gewähr für gute Gefühle. Geplatzte Träume, schlaflose Nächte, zugeschlagene Türen; Angst, den anderen zu verlieren; Eifersucht; Ohnmacht, ihm nicht helfen zu können ... Welche schrecklichen Zeiten durchlaufen wir bisweilen! »Besteht das Wagnis der Liebe darin, dass sich die Liebenden wechselseitig ihre ›Verletzungsmächtigkeit‹ nicht bloß zugestehen, sondern sogar erlauben?«, fragt der Soziologe Heinz Bude provokant. Ich persönlich beantworte diese Frage mit Ja.

Verletzlichkeit ist das große Wagnis unseres Lebens. Wenn wir uns einem Menschen mit Haut und Haaren anvertrauen, dann entwickelt sich daraus keine ungebrochene Erfolgsstory.

»Liebe ist kein Siegesmarsch, sie ist ein kaltes und brüchiges Halleluja«, singt Leonard Cohen. Liebe: ein *brüchiges* Halleluja – denn sie ist zerbrechlich, so wie der Mensch, den ich liebe, und ich selbst. Liebe: ein brüchiges *Halleluja* – denn in jedem Menschen wohnt auch der Drang, nicht an sich selbst kleben zu bleiben. Brennt die Sehnsucht, sich für andere und anderes zu öffnen und sich zu verschenken. Darin liegt tiefes Glück.

4. Eine Geschichte, die das Leben schreibt

Vor einiger Zeit ist das Ehepaar mit großen Erwartungen in die Stadt gezogen. Doch nun hält sie hier nichts mehr! Auf brutale Weise wurden ihre Hoffnungen durchkreuzt. Sie kehren dem Ort ihres Unglücks den Rücken. Lange gehen sie schweigend nebeneinanderher. Irgendwann beginnen sie, über das Unfassbare zu reden, das geschehen ist. Und über ihren bohrenden Schmerz. Sie sprechen über ihre Enttäuschungen und ihre Selbstzweifel: »Haben wir uns geirrt?«

Während sie so offen miteinander reden, fühlt es sich an, als ob sie nicht allein unterwegs seien. Der Raum zwischen ihnen ist wie von einem warmen Licht erfüllt. Zaghaft weitet sich ihr innerer Tunnelblick: »Vielleicht ist ja doch nicht alles zu Ende?«

Am Abend kehren sie in einer Gaststätte ein. Jetzt sitzen sie sich gegenüber. Und als sie sich in die Augen blicken, spüren sie, dass ihre gemeinsame Hoffnung wieder lebendig ist. Das Ziel, das sie in die ferne Stadt gelockt hatte, brennt wieder in ihren Herzen. »Nein«, sagt sie, »wir geben nicht auf!« Er bekräftigt mit fester Stimme: »Wir kehren wieder in die Stadt zurück!«

Manche Bibelkundigen werden schon entdeckt haben: Eine ähnliche Geschichte findet sich auch in der Bibel – als Erzählung von den Emmausjüngern. (Lukas 24,13–35) Doch warum hier eine solche Geschichte?

Vor einiger Zeit bin ich auf Lukas Möller, einen Pionier der Paartherapie, gestoßen. Die Kernfrage des Zwiegespräches, die er entwickelt, lautet: »Was beschäftigt dich zurzeit am meisten?« Wenn wir in einer Freundschaft oder Ehe miteinander über unsere Freude und Hoffnung, über unsere Ängste und Enttäuschungen ins Gespräch kommen, dann sprechen wir über Wesentliches. Und darin liegt ein zentraler Baustein glücklicher Beziehungen! Das Ehepaar in der Geschichte führt ein solch wesentliches Gespräch.

Natürlich reicht in den konkreten Geschichten, die das Leben schreibt, *ein* Gespräch selten aus. Wenn etwa ein Paar den Tod seines Kindes zu beklagen hat, muss es durch endlose Nächte gehen, bis sich irgendwann – hoffentlich – der Horizont lichtet. Ähnliches gilt für Konflikte oder wenn Gleichgültigkeit uns voneinander entfremdet. Doch worum es auch gehen mag, Gott sei Dank lässt sich immer wieder erfahren: Wenn wir uns öffnen, wenn wir Schmerz und ungeklärte Verletzungen miteinander teilen, dann kann eine neue Nähe entstehen. Liebe fließt hin und her. Wider alle Wahrscheinlichkeit keimt Hoffnung auf. Wir können einander und dem Leben neu die Hand reichen.

Manchmal jagt es einem einen Schauder über den Rücken, so himmlisch schön ist dieser Augenblick. Oder wir entdecken im Rückblick, wie behütet wir in unserer dunklen Zeit »irgendwie« gewesen sind, auch wenn wir uns damals rettungslos allein gefühlt haben.

Christlich gedeutet, hat Gott hier »seine Hand mit im Spiel«. Oder anders gesagt: Die neue Welt Gottes, für die Jesus sich einsetzt, ereignet sich, wenn Menschen Brücken zueinander schlagen; wenn sie ihr Glück miteinander feiern und miese Zeiten miteinander bestehen; wenn Hoffnung in ihren Herzen aufflammt.

In allen Momenten, in denen Hoffnung und Liebe Wirklichkeit werden, kann einem aufgehen: Ich schöpfe nicht nur aus meinem eigenen Können und Tun, sondern ich lebe aus einer Kraft, die meine eigene übersteigt. Und die mir innerlicher ist, als ich mir selbst bin. Die Bibel spricht vom Geist Gottes: Gott ereignet sich, wo Liebe um sich greift. Gott »passiert« uns, wo Hoffnung uns aus der Dunkelheit unserer Resignation holt und uns mutig leben lässt.

In der biblischen Emmaus-Geschichte erfahren die beiden, dass die Liebe sogar noch stärker ist als der Tod. Ein »Halleluja« steigt auf.

KAPITEL VIER

WELTWÄRTS

BERÜHRT UND ENGAGIERT

1. Gib mir mein Herz zurück

Kraftvoll und erfüllt leben, das passiert, wenn wir in den Fluss des Lebens eintauchen. Doch manchmal scheint der Strom versandet zu sein. Nichts lockt und reizt einen mehr. Die Welt wirkt fremd und stumm. Möglicherweise liegt genau in solch mühsamen Zeiten die Chance, dass wir von Neuem lernen, uns berührbar – und damit auch verletzbar – zu machen. Dass wir offen werden für die Verabredung mit dem Leben.

Die Netzverbindung aktivieren

Im Herbst war ich für einige Tage in Köln. Ich schlenderte durch die Stadt und genoss die Aussicht auf den Rhein, während ich die Promenade entlanglief. Unter einer Brücke spielte eine wohnsitzlose Frau Querflöte. Die Frau faszinierte mich, denn sie spielte mit großer Brillanz und Hingabe. Ich blieb fast eine halbe Stunde an diesem etwas unwirtlichen Ort stehen und genoss ein einmaliges Konzert.

Wenige Wochen später in Wien: In den Arkaden eines großen Geschäftes spielen zwei exzellente Saxofonisten. Die beiden tauchen in ihre Jazzmusik förmlich ein. Ohne meinen Schritt zu verlangsamen, werfe ich eine Zweieuromünze in den Instrumentenkasten und eile weiter. Die Musik perlt an mir ab.

Im Rückblick erinnern mich die beiden Erlebnisse an ein sozialpsychologisches Experiment der *Washington Post*. Es wurde während der morgendlichen Rushhour in einer Metrostation durchgeführt: Am 12. Januar 2007 spielt ein Straßenmusiker auf seiner Geige mehrere Stücke von Johann Sebastian Bach. Zug um Zug fährt in die Station ein und spuckt Menschen aus, die schnellen Schrittes die Halle durchqueren. Während er spielt, gehen insgesamt 1070 Menschen an ihm vorbei. Sieben Personen halten kurz inne und lauschen der Musik. Am ehesten wollen Kinder stehen bleiben und zuhören, aber sie werden ausnahmslos von ihren Eltern weitergezogen. Nach 43 Minuten »Konzert« hat der Musiker 32,17 Dollar verdient.

Was die Passanten in Washington nicht wissen: Bei dem Straßenmusiker handelt es sich in Wirklichkeit um Joshua Bell, einen weltberühmten Geiger. Seine Violine, eine Stradivari, ist mehr als drei Millionen Dollar wert. Nur wenige Tage zuvor hatte Bell die gleichen Werke in der ausverkauften Bostoner Konzerthalle gespielt – der Eintrittspreis betrug über 100 Dollar pro Karte.

Da entlockt ein grandioser Musiker seinem Instrument traumhafte Klänge, und kaum jemand bemerkt es. Die *Washington Post* folgert, dass das moderne Leben unsere Fähigkeit beeinträchtige, Schönes wahrzunehmen. Und fragt: Wenn wir einen der berühmtesten Musiker der Welt übersehen und überhören, was verpassen wir dann sonst noch alles? Und wie steht es um die Fähigkeit, das Leben zu schätzen?

Wenn diese Fragen nicht mit einem moralischen Unterton daherkommen, können sie auf Wesentliches aufmerksam machen. Zum einen weisen sie darauf hin: In all der Fülle von Eindrücken, in der wir uns bewegen, umgibt uns immer auch Schönes und Außergewöhnliches. *Was unser Leben bereichern und vertiefen kann, ist immer schon da!* Zum anderen geben sie zu denken: Welcher Haltungen bedarf es, dass solch bereichernde Augenblicke mitten im normalen Alltag bei mir ankommen können? *Was braucht es, damit die Welt zu mir »sprechen« und ich auf sie eingehen kann?* Und umgekehrt: Wodurch wird dieses lebendige Hin und Her beeinträchtigt oder verhindert?

Einen ersten Hinweis geben die eigenen Erfahrungen. Vielleicht haben Sie Freude, in Ihrem eigenen Leben auf Erkundungstour zu gehen. In diesem Fall können Sie das Buch einen Augenblick beiseitelegen und sich fragen: Was waren für mich in den vergangenen Monaten die glücklichsten Augenblicke? Erinnere ich mich an Situationen, in denen ich einfach nur ein »Ja!« gespürt habe zu dem, was hier und jetzt ist?

Stelle ich Menschen diese Frage, richtet sich ihr Blick versonnen in die Ferne. Ihre Augen beginnen zu leuchten, und sie erzählen eine Geschichte: von einer lauen Sommernacht im Freundeskreis. Von einem Buch, das sie angesprochen und zu etwas gedrängt hat. Von einer religiösen Erfahrung. Von einem mitreißenden Konzert, einer kurvig rasanten Passfahrt auf dem Motorrad. Vom Segeln, Wandern oder Gärtnern ... Viele schildern Begegnungen mit anderen Menschen: Einem Großvater wird es jetzt noch warm ums Herz, wenn er daran denkt, wie sein Enkelkind ihm am Bahnhof mit offenen Armen entgegengerannt ist. Ein Paar erzählt, wie sie sich zum ersten Mal begegnet sind und es zwischen ihnen gefunkt hat. Andere erinnern sich daran, wie sie jemandem spürbar geholfen oder ihr Team durch ihre Ideen bereichert haben.

Dies zeigt: Menschen fühlen sich offenkundig dann an den Strom des Lebens angeschlossen, wenn sie wirklich *berührt* werden von dem, was sie da erleben oder tun. Wenn sie in *Kontakt* (lateinisch contingere = berühren) kommen mit dem, was ihnen begegnet. Intensive Momente ereignen sich, wenn das, was wir erfahren und bewirken, eine *Resonanz* in uns auslöst. Wenn etwa ein Film in uns etwas zum Klingen bringt. Wenn uns das etwas bedeutet, was wir tagtäglich tun. Wenn wir uns im Einklang erleben mit der Natur. Und es handelt sich um Sternstunden, wenn wir mit einem anderen Menschen wirklich in Kontakt kommen und eine Energie hin- und herfließt ... Ohne dass man näher über solche Augenblicke nachdenkt, vermitteln sie die fraglose Gewissheit, dass es hier und jetzt gut ist, da zu sein. In solchen Momenten sprudelt das Leben.

»Und plötzlich steht da eine unsichtbare Wand zwischen dir und der Welt. Genauso fühlt es sich an!« Mit diesen Worten eröffnet der etwa fünfunddreißigjährige Herzchirurg das Gespräch. Einige Tage zuvor hatte er das Kultbuch »Die Wand« von Marlen Haushofer gelesen. Ohne erkennbare Ursache entsteht über Nacht zwischen der namenlosen Protagonistin des Romans und der übrigen Welt eine gläserne, aber undurchdringbare Wand. Die unsichtbare Wand schließt die Frau wie eine Gefängnismauer vom Rest der Welt ab, die leblos und versteinert daliegt.

In diesem albtraumhaften Bild findet sich der junge Chirurg wieder: »Ich fühle mich wie abgeschnitten von der Welt, die sich grau und öde vor mir ausbreitet. Mir fehlt der Bezug zu dem, was ich tue.« Gefragt, ob sich in seinem Beruf Probleme auftun, wehrt er ab: »Ich *funktioniere* gut! Ich bin erfolgreich im Beruf. Und ich kann reisen, lachen und mich mit Leuten treffen. Aber der *Sinn* vom Reisen, Lachen und Treffen mit Freunden ist mir abhandengekommen. Morgens wache ich wie gerädert auf, als ob ich nicht geschlafen hätte. Und der Rest meines Ichs, das den Kaffee macht, kann die quälende Frage nicht abwehren: Wozu das alles?«In der Not dieses Mannes drückt sich eine Not unserer Zeit aus. Immer mehr Menschen haben den Eindruck: Die Welt steht mir nichtssagend und kalt, wenn nicht sogar feindlich gegenüber. Alles wirkt stumpf, matt und reizlos. Ich habe keinen Bezug (mehr) zu dem, was ich tue. Nichts spricht mich an. Und ebenso erreiche ich die anderen nicht. Es fließt nichts zwischen mir und den Menschen an meiner Seite. Ich sitze zwar mit meiner Familie oder Freunden gemeinsam am Frühstückstisch, aber wir haben uns nichts zu sagen. – Die verschärfte Version dieser Entfremdung lautet Depression oder Burn-out.

Es schmerzt, wenn wir den Draht verlieren zu dem, was wir tun, und zu Menschen, die uns einmal viel bedeutet haben. Empfindungen von Sinnlosigkeit und Erschöpfung machen sich breit. Natürlich tragen *gesellschaftliche Umstände* zu einer solchen Entfremdung stark bei! In besonderer Weise bedrohen die beschleunigten Arbeits- und Lebensverhältnisse unsere Fähigkeit zur Resonanz. Wer mit Überschallgeschwindigkeit durchs Leben rast, braucht sich nicht zu wundern, dass ihm Hören und Sehen vergehen. Die Räume schrumpfen, in denen man sich wirklich einlassen kann auf das, was einem begegnet.

Doch auch wenn gesellschaftliche Umstände uns beeinflussen, sie »machen« uns nicht! Denn ob das Leben uns merkwürdig fern erscheint oder wir uns »angeschlossen« und verbunden erfahren, das hängt auch von der eigenen *Haltung* ab!

»Und plötzlich steht da eine unsichtbare Wand zwischen dir und der Welt.« Im Verlauf des Gespräches gesteht der Chirurg sich ein: »Ganz so plötzlich ist das mit der Mauer doch nicht passiert.« Vielmehr hatte sie sich allmählich gebildet, und er selbst hatte kräftig dazu beigetragen. Vor allem, wenn ihm eine Sache naheging oder ihm jemand nahekam, setzte er seine bewährten Exit-Strategien ein: Um sich nicht zu sehr auf etwas einzulassen, legte er eine ironische Haltung an den Tag. Er schützte sich, indem er ständig »busy« war oder in die weiten Welten des Internets flüchtete. Vor allem aber wuchs der Abstand zum Leben, weil es in seinem hoch kontrollierten Alltag keinen Raum gab für Gefühle und Emotionen. Irgendwann waren diese dann wie eingefroren. Nichts und niemand konnte ihn mehr berühren oder aus sich hervorlocken.

Die eigene Verantwortung an einer verfahrenen Situation zu erkennen ist eine zweischneidige Angelegenheit: Sie wirkt niederschmetternd, weil man nicht länger andere oder anderes für sein Unglück verantwortlich machen kann. Und sie birgt die Chance, dass man selbst etwas dagegen unternehmen kann.

Als dem Arzt aufgeht, wie sehr er sich selbst im Weg steht, ruft dies erst einmal innere Widerstände auf den Plan. Aber bald regen sich auch Widerstandsgeist und Hoffnung in ihm, denn: Es muss nicht alles beim Alten bleiben! In der Langeweile und Leere, die ihn quälen, drückt sich vielmehr eine *Entwicklungsaufgabe* aus. Nämlich dass er neu lernt, sich anrühren zu lassen von Menschen und Dingen, von Freunden und Fremden, von Faszinierendem und Erschreckendem. Und das heißt vor allem auch, dass er seiner inneren Welt Gehör schenkt: seinen Gefühlen, Träumen und Empfindungen.

In dem Maß, in dem der Mann eine offene und damit auch verletzbare Haltung entwickelt, rückt die Welt wieder näher an ihn heran. Menschen, Dinge und Tätigkeiten »sagen« ihm plötzlich wieder etwas. Und je mehr er auf der Bildfläche des Lebens auftaucht, anstatt sich mittels seiner Exit-Strategien auszuklinken, umso mehr entsteht ein lebendiger Kontakt: zu anderen Menschen, zur Natur, zu seiner Arbeit. Er spürt wieder etwas von dem Glück, auf der Welt zu sein.

»Lass dich nicht verhärten in dieser harten Zeit«

Der Liedvers von Wolf Biermann gefällt mir. Er lädt zu einem anderen Leben ein. Als Erwachsene müssen wir häufig neu lernen, uns zu zeigen und uns berührbar zu machen. Woran liegt das? Und was meint die besagte »Berührbarkeit«?

Es wäre ein Missverständnis zu glauben, dass es sich bei der *Berührbarkeit* um einen Gefühlszustand handelt –

etwa wie wenn einem beim Hollywood-Film Tränen der Rührung übers Gesicht rinnen. Vielmehr geht es um eine bestimmte Art und Weise, *wie* wir der Welt begegnen. Es geht um eine grundlegende *Haltung* dem Leben und sich selbst gegenüber: Nämlich dass man sich wirklich einlässt auf Menschen und Dinge um sich; auf den Ort, an dem man lebt, und auf Dinge, die man tut. Und dass man sich einlässt auf das eigene Ich mit seinen verschiedenen Aspekten: auf die Sprache des Körpers, auf die Potenziale und Stärken, Grenzen und Schwächen, auf die Welt der Emotionen und das leise Drängen der Sehnsucht.

Derart offen und neugierig dem Leben zu begegnen fällt den meisten Erwachsenen nicht mehr kinderleicht. Kinder können sich noch begeistern und hinreißen lassen. Sie weinen vor Freude oder vergessen spielend die Zeit. Sie sehnen sich nach Zärtlichkeit und genießen diese hingebungsvoll. Kinder sind ähnlich sensibel wie ihre Haut: weich, zart und verwundbar. Und sie müssen nach und nach erleben, dass das Leben es nicht immer gut mit ihnen meint. Dass es sie hart anpacken kann. So lernen sie das, was für viele von uns gilt: Weil wir berührbar und damit auch angreifbar sind, haben wir uns ein dickes Fell zugelegt. Wir bauen Wälle um uns herum, um das Weiche in uns zu schützen. Nur zögernd wagen wir uns aus der Deckung. All das sind nachvollziehbare und manchmal auch lebensnotwendige Schutzmaßnahmen (gewesen). Aber durch eine solche Haltung wächst zugleich auch der Sicherheitsabstand zum Leben …

Ein weiterer Aspekt erschwert eine offene, berührbare Haltung dem Leben gegenüber: Unsere Gesellschaft schätzt das *Rationale* sehr und pflegt zunehmend einen *technisch-sachlichen Umgang* mit allem. Natürlich ist diese distanziert-nüchterne Haltung wichtig und hilfreich. So würde sich wohl niemand von einem Chirurgen operieren lassen, der beim Aufschneiden der Bauchdecke so stark mit einem fühlt, dass seine Hand zu zittern anfängt. Das Problem besteht also nicht darin, Situationen und Menschen sachlich distanziert zu betrachten. Im Gegenteil, darin liegt eine wichtige kulturelle Errungenschaft. Problematisch ist, dass in der Moderne der technisch-sachliche Bezug so gut wie alle Lebensbereiche erobert hat. Das geht so weit, dass heute viele nicht nur auf Knopfdruck funktionieren müssen, sondern sich auch selbst programmieren, indem sie sich von Rechnern und Messgeräten überwachen lassen. Da wird lieber die App befragt, wie viele Schritte man heute noch gehen muss, anstatt den eigenen Körper zu spüren und auf seine Signale zu hören ... Es überrascht nicht, dass man sich selbst langsam fremd wird und die Welt einen emotional nicht mehr erreicht.

All das zeigt: *Es besteht ein Zusammenhang zwischen der Haltung, mit der wir uns aufs Leben einlassen, und dem Empfinden, dass die Welt uns fremd gegenübersteht – beziehungsweise dass sie zu uns »spricht«.*

Die Herkunft des Wortes »absurd« wirft ein Licht auf diesen Zusammenhang: »Absurd« kommt vom lateinischen »surdus«, und dieses Adjektiv bedeutet *»taub, unempfindlich«.* Wenn mir mein Alltag absurd und ohne Sinn vorkommt, dann kann dies daran liegen, dass ich taub bin. Vielleicht habe ich kein Ohr für das, was mir begegnet. Vielleicht wappne ich mich mit Schutzschilden, um nicht allzu verletzbar zu sein und empfindlich getroffen werden zu können. Vielleicht erscheint mir die Welt grau und langweilig, weil ich rein vom Kopf her lebe und alles sachlich abwäge. Und weil ich dementsprechend blind bin für die Welt der Gefühle und Empfindungen, die erst Farbe und Bewegung ins Leben bringen.

Von Ochsen- und Bärenhäuten

Auch die christliche Spiritualität weiß: Niemand kommt gefühlskalt oder abgeschottet zur Welt. Vielmehr tragen verschiedene Faktoren dazu bei, dass jemand sich immer mehr in sich selbst verschließt. Oft führen einschneidende Verletzungen dazu, dass Menschen sich einigeln. Sie haben fürchterliche Angst, erneut getroffen oder zurückgewiesen zu werden. Daher bauen sie immer mehr Schutzmauern um sich herum. Sie wähnen sich sicher, aber in Wahrheit handelt es sich um eine tödliche Sicherheit. Denn die Festung verwandelt sich unter der Hand in ein Gefängnis.

Die Bibel nennt diesen schleichenden Prozess »*Verhärtung des Herzens*«: Da verwandeln sich offene und sensible Menschen in harte, verhärmte Personen, die irgendwann ganz in sich gefangen sind. Was fließen sollte, fließt nicht mehr. Der Mystiker Johannes Tauler spricht von dicken Häuten, die das menschliche Herz überziehen, von Ochsen- oder Bärenhäuten. Verbarrikadiert hinter den eigenen Abwehrmechanismen, werden Menschen unfähig, sich von einem Du zärtlich streicheln zu lassen. Nichts und niemand kann ihnen mehr nahekommen.

Wer keine Begegnung oder Berührung mehr zulassen und keiner Liebe mehr glauben kann, schaufelt sich sein eigenes Grab. Er kann zwar noch rein äußerlich am Leben sein, aber Isolation oder Hass schneiden vom wahren Leben ab. Diese abgrundtiefe Einsamkeit drückt die christliche Spiritualität mit dem Bild der Hölle aus: Das in sich eingeschlossene Ich wird sich selbst zur Hölle. Cleve Staples Lewis vermutet, dass die Tore dieser Hölle von innen her zugehalten werden. Und dass über ihrem Eingang geschrieben steht: »Ich gehöre mir selbst.«

In zahlreichen Gesprächen habe ich den Eindruck gewonnen, dass viele Menschen dieser Privat-Hölle entkommen wollen. Und doch nicht können. Einerseits hungern sie nach Nähe, doch trotzig schieben sie jeder Berührung und Beziehung den Riegel vor. Sie wollen aus sich herausgehen – *und* zugleich hält eine Heidenangst sie davon ab. Sie dürsten nach Berührung – *und* sie machen dicht, etwa im Sinne von: Bitte umarme mich, aber rühre mich nicht an.

Sesam, öffne dich!

Wie finden wir aus diesem Niemandsland heraus? Wie werden wir in Zeiten, in denen wir um uns selbst rotieren, neu fähig und willens, den endlosen Kreisverkehr zu verlassen? Was hilft, der Sehnsucht nach einem glücklicheren Leben mehr Glauben zu schenken als etwa Angst oder Hass? Welches (er)lösende Wort macht Mut, die Tür einen Spalt weit zu öffnen und Berührbarkeit zu wagen?

Ich persönlich stelle mir diese Fragen häufig: in Beratungsgesprächen, im Blick auf gesellschaftliche oder nationale Egoismen und im Blick auf mein eigenes Leben. Und ich habe den Eindruck, dass die christliche Rede von »Erlösung« bisweilen daran krankt, dass sie einem selbst die alleinige Verantwortung für die eigene Verschlossenheit zuschiebt. Als ob es nur eine Sache des guten Willens sei, aus dem Labyrinth von Angst oder Schuld herauszufinden. Und als ob es nur ein wenig Anstrengung bräuchte, um tiefe Beziehungswunden hinter sich zu lassen, die das Vertrauen nachhaltig erschüttert haben.

Aber wir Menschen brauchen das befreiende Wort von außen ja gerade dort, wo wir innerlich »zu« sind. Wo wir uns im Schneckenhaus unserer Angst verbarrikadiert haben und nicht mehr allein hinausfinden. Wir brauchen eine (er)lösende Erfahrung gerade dort, wo wir besetzt sind von blindem Hass oder Egoismus. Wo wir uns in uns selbst verlaufen haben und die Tür ins Freie nicht allein öffnen können ... In all diesen Situationen reicht der gute Wille umzukehren nicht aus! Vielmehr braucht es heilende, befreiende – oder eben: (er)lösende – Erfahrungen: etwa Menschen, die uns den Weg zum Ausgang weisen und die uns ermutigen, die Tür einen Spalt zu öffnen.

Passwort

jeder mensch
ein verwunschener turm
von sich selber hinter schloss und riegeln gebracht
bewegungsmelder lösen alarm aus
komm mir nicht zu nah
unübersehbar das warnschild
vorsichtig bissiger mensch
keine brechstange
kein raffinierter dietrich
nur ein schlüsselwort
sesam öffne dich
zärtlich gesprochen
DU

vielleicht entriegele ich
die sperrkette der angst
und aus dem spaltbreit
ein leises willkommen

Andreas Knapp[11]

Die entscheidenden Dinge des Lebens präsentieren sich selten als großes Kino. Im Gegenteil: Oft wohnt gerade den kleinen, zufälligen Situationen eine Kraft inne, welche das Leben bereichern kann. Diese Augenblicke ereignen sich freilich nur, wenn man eine offene Haltung einnimmt und wach da ist. Es braucht eine *aufmerksame Präsenz*. Wer ganz gegenwärtig ist, den vermag das Leben wirklich zu berühren. Dann kann ich die Brillanz einer Straßenmusikerin hören. Dann kann mich ein Film packen. Und dann kann mir der um Hilfe suchende Blick meines Gegenübers zu Herzen gehen. Wenn ich präsent bin, kann mir das Leben selbst zum Präsent werden. Zum Geschenk.

Menschen, die sich in dieser präsenten Haltung üben, berichten: Wenn ich achtsam durch den Tag gehe, kommen die Dinge irgendwie in Fluss, und manches fügt sich wie von selbst. Was hilft, um in diese Haltung hineinzufinden? Drei Hinweise:

Nutzen Sie die vielen kleinen *Zeitsplitter,* die der Alltag bereithält, etwa die Wartezeit beim Hochfahren des PCs oder an der Bushaltestelle, das Stehen an der Supermarktkasse oder vor dem Schulhof, wenn Ihr Kind auf sich warten lässt. Solche Zeitsplitter bieten die Chance, dass Sie aus dem Funktionsmodus aussteigen und bewusst wahrnehmen, was jetzt um Sie herum und in Ihnen geschieht. Sie ermöglichen, dass Sie den konkreten Augenblick in all seinen Facetten, seinen Freuden und Sorgen so erfahren, wie er ist. Und allein der gegenwärtige Augenblick ist wirklich!

Ein Zweites: Wenn wir ganz bei dem sind, was wir gerade tun oder erleben, sind wir »connected«, lebendig verbunden. Ein klassischer Hinweis lautet: »Wenn du sitzt, dann sitze. Wenn du stehst, dann steh. Wenn du gehst, dann geh.« Das hört sich leicht an, doch das Leichte ist oft nicht einfach! Wie häufig bin ich gedanklich ganz woanders: Da sitze ich mit jemandem zusammen, und wir reden miteinander, aber meine Gedanken wandern währenddessen zum kommenden Wochenendausflug. Oder zu einem Menschen, um den ich mich sorge. Im Unterschied dazu drückt die schöne Redewendung »*Ich bin ganz Ohr*« die Sammlung unserer Kräfte aus. Ich persönlich erlebe es als bereichernd, mir jeden Tag manche Augenblicke zu gönnen, um dieses Präsentsein bewusst zu üben. Momente, in denen ich ganz Ohr, ganz Auge, ganz Hand, ganz Haut, ganz Leib, ganz Sehnsucht bin.

Und schließlich ist es sinnvoll, dem Bedürfnis entgegenzuwirken, schöne Augenblicke festhalten zu wollen. Denn dadurch drohen diese an einem vorüberzueilen. Da dreht jemand ein Video vom tosenden Meer, anstatt den Wind in den Haaren und die Gischt auf der Haut zu spüren. Da schießt jemand von seinen tobenden Kindern ein Foto nach dem anderen, anstatt mitzuspielen. Der Drang, Erlebnisse als Einzahlung auf unser Erinnerungskonto zu betrachten, hat sich auch aufgrund der neuen Medien eingebürgert. Doch jedes Mal, wenn wir Momente festhalten wollen, berauben wir uns der Chance, im Hier und Jetzt einfach da zu sein. Und nur solche Augenblicke, in denen wir ganz gegenwärtig sind, können seelisch nähren.

2. Wie Neues in die Welt kommt

Seit geraumer Zeit kaue ich auf meinem Stift herum und sitze vor einem leeren Blatt. Verschiedenste Kapitelanfänge liegen zerknüllt im Papierkorb. Eigentlich will ich mutig schreiben, was ich wirklich denke, und zeigen, was mir wichtig ist. Aber innere Stimmen kommentieren jeden möglichen ersten Satz und streichen ihn durch. »Banal! Unausgewogen! Wenig durchdacht! Holprig geschrieben!«, wispert es in mir. Und schon geistern Angst und Selbstzweifel in meinem Kopf herum. Bald schon wandert das nächste Blatt Papier in den Müll ... Bis mir irgendwann dämmert: Der Kampf, den ich gerade mit mir selbst ausfechte, führt mich mitten ins Thema, um das es hier geht. Denn hinter der viel besprochenen Schreibhemmung verbirgt sich eine recht gewöhnliche und verbreitete Angst: dass wir uns durch unser kreatives Tun angreifbar machen.

Diese Angst kennen viele. Denn es birgt immer ein Risiko, wenn wir unsere *Kreativität* zum Zug kommen lassen. Etwa wenn wir ein selbst gemaltes Bild, ein von uns entworfenes Kleid oder eine eigene Slam-Poetry präsentieren. Wenn wir singen oder tanzen. Oder wenn wir im Berufsleben eine ungewöhnliche Idee ins Team einbringen und einfach mal querdenken.

Vor unserem inneren Auge werden wir bereits ausgelacht: für unsere peinlichen Ideen, für unsere unterirdischen Fähigkeiten, für unsere naive Denke und im schlimmsten Fall für unser ganzes unbedeutendes Dasein. Die Angst sitzt uns im Nacken, was andere denken und sagen könnten. Und was ihr Echo in uns auslöst an Wut, Scham oder Trauer.

Doch es wäre jammerschade, wenn wir uns von diesen Ängsten ausbremsen ließen. Denn wir würden nicht das geben, was allein *wir* zu geben vermögen. Und dadurch ginge der Welt und uns selbst Einmaliges und Wertvolles verloren!

Kevin Surace, der vom amerikanischen Wirtschaftsmagazin *Inc.* zum Unternehmer des Jahres 2009 gekürt worden war, wurde gefragt, worin er das größte Hindernis für Kreativität und Innovation sehe. Er antwortete, es bestünde in der Angst, eine Idee vorzustellen und dann verspottet, ausgelacht oder herabgesetzt zu werden. Kreativität werde durch die Angst verhindert, zu versagen oder sich zu irren. Und Surace fährt fort: »Die Menschen denken, sie seien nur so gut wie ihre Ideen, ihre Ideen dürften nicht ›zu ausgefallen‹ sein, und ›sie müssten alles wissen‹. Das Problem ist, dass innovative Ideen oft verrückt klingen und dass Scheitern und Lernen dazugehören.«[12]

Surace benennt gewichtige Hemmnisse, die davon abhalten, die eigene Kreativität ins Spiel und Neues zur Welt zu bringen: *der Wunsch nach Anerkennung* sowie *die Angst zu versagen* – und die (unbewusste) Verknüpfung von beidem mit dem eigenen *Selbstwert*.

Ein Beispiel: Angenommen, jemand hat ein Lied komponiert, einen Text geschrieben oder ein Produkt entworfen. Er will es seinen Freunden vorstellen. Doch das ist eine heikle Angelegenheit. Die Sache wird umso brisanter, als er bewusst oder unbewusst seinen Selbstwert daran knüpft, wie die anderen seine kreative Leistung finden: Wenn diese sein Werk oder seine Idee gut aufnehmen, erlebt er sich als toll und wertvoll; wenn nicht, empfindet er sich als mickrig und wertlos. Eine solche Lebenseinstellung kann schnell in drei Sackgassen hineinmanövrieren:

Erstens: Ich halte hinterm Berg mit dem, was ich geschaffen oder entwickelt habe. Oder falls ich mich doch traue, werde ich die ungewöhnlichsten Aspekte meines Werkes unterschlagen und meine wildesten Einfälle verschweigen. Denn es steht einfach zu viel auf dem Spiel! Die Sorge vor einem negativen Echo und der Versuch, das fragile Selbstwertgefühl zu schützen, werden zum Kreativitätskiller.

Zweitens: Findet die eigene Idee keine positive Resonanz, dann fühlt man sich niedergeschlagen. Schnell steht der innere Selbstkritiker auf der Matte und tritt ordentlich nach: »Du hättest doch wissen müssen, dass deine Idee für den Papierkorb ist. Was du da geliefert hast, war nichts! *Du* bist nichts!« Und schon bekommt die Scham Oberwasser. Man fühlt sich wertlos, zu klein geraten oder irgendwie »daneben«. Und schwört sich, beim nächsten Mal unauffällig zu bleiben. Auf diese Weise »bewahrt« die Scham einen davor, Neues zu wagen und offen – und das heißt auch verwundbar – in den Ring des Lebens zu steigen.

Drittens: Unsere kreative Leistung wird geschätzt und aufgegriffen, und wir erleben uns als anerkannt und wertvoll. Was für ein Glück, könnte man meinen. Doch auch jetzt tut sich ungewollt eine Sackgasse auf. Denn sobald wir unser Selbstwerterleben an Anerkennung und Leistung koppeln, brauchen wir immer mehr davon. Ja, wir werden zu Junkies: Wir hängen am Tropf unserer Begabung, die unentwegt in Beifall und Erfolg verwandelt werden muss. Träufelt dieses Suchtmittel nicht in unser Inneres, stürzen wir ab und fühlen uns wertlos. Die Sucht nach Anerkennung nimmt uns gefangen. Und wir müssen zwanghaft versuchen, unsere eigene Leistung zu steigern bis zum Gehtnichtmehr.

Nicht perfekt, sondern ganz leben

Wie nehmen wir unseren Ängsten die Macht, uns unsere Kreativität zu rauben? Wie verhindern wir, zu einem Sklaven der Anerkennung anderer und der eigenen Leistung zu werden? Was stärkt den Mut, die eigenen schöpferischen Kräfte »mit Schmackes« zum Zug kommen zu lassen?

Mit der Angst auf Du und Du

Wenn Angst an mir nagt und mich beispielsweise beim Schreiben blockiert, dann rufe ich mir als Erstes in Erinnerung: »Es ist ganz normal, dass ich bei meinem kreativen Tun Angst spüre. Denn ich zeige etwas von mir und setze mich dem Urteil anderer aus.« Dieses Wissen hilft, denn es entdramatisiert meine Not. Oft führe ich mir auch die erwähnten Sackgassen vor Augen. Denn dann weiß ich, dass ich dort »eigentlich« nicht landen will.

Natürlich: Die Angst macht sich dadurch nicht vom Acker. Um mit ihr besser klarzukommen, nehme ich sie einfach wahr und ernst. Ich versuche, Auge in Auge mit ihr zu sitzen. Ihr zuzuhören. Und sie ins Gebet zu nehmen. Oft tritt dann zutage, dass die Angst nicht sehr realistisch argumentiert, sondern eher wie eine Fünfjährige daherkommt. Und welche verängstigte Fünfjährige scheucht man schon fort? Ich nehme meine Angst in den Arm. Und ich frage sie, ob »die anderen« tatsächlich mein kreatives Tun peinlich und mich unzulänglich finden. Oder ob *sie* mir das einredet. Häufig atmen wir dann gemeinsam auf, denn: Ja, so ist es!

Wenn meine Unsicherheit bleibt, dann wende ich mich an eine Handvoll Menschen, denen ich ein gutes Urteil zutraue. Oh, das kostet Überwindung! Doch sobald sie einen Blick auf mein Projekt werfen, kann ich klarer sehen: Wo meldet sich mein Perfektionismus zu Wort? Und was ist in der Tat ausbaufähig und noch zu verändern?

Vollblütler

Das Streben, Dinge 110-prozentig zu erledigen, darf nicht mit dem Bemühen verwechselt werden, etwas besonders gut zu machen. Das Vollkommenheitsstreben soll einem vielmehr Kritik und Tadel vom Hals halten und Anerkennung verschaffen. *Perfektionismus ist ein unbewusster Versuch, der eigenen Verletzlichkeit zu entkommen und sich unangreifbar zu machen.* Doch weder lässt sich Vollkommenheit erreichen, noch können wir unsere Verletzlichkeit ausschalten. Daher lässt sich die Angst vor dem Urteil anderer und vor der eigenen Unzulänglichkeit mit Perfektionismus nicht austreiben. Wer dies versucht, macht den Bock zum Gärtner. Er wird sich noch krampfhafter darin verbeißen, alles 110-prozentig zu machen. Seine schöpferische Ader kommt nicht zum Tragen, und den von ihm geschaffenen Dingen haftet etwas Zwanghaftes an.

Ganz anders, wenn jemand in seinem Tun ganz bei der Sache ist. Wenn sich jemand im besten Sinn *selbstvergessen* in die Waagschale wirft, anstatt ängstlich auf sich und seine Außenwirkung zu schielen. Für mich unvergesslich: Ein Friedenskonzert von jungen Musikerinnen aus Israel und Palästina mit dem Dirigenten Daniel Barenboim. Hingegeben an die Musik, waren die Instrumentalisten nicht Darsteller ihres Könnens, sondern Klangkörper für die Musik. Es kam mir so vor, als ob das Orchester abhebt und zu fliegen beginnt. Und uns alle mitnimmt.

Mut ist, wenn anderes wichtiger wird als unsere Angst. Wenn wir uns wie Vollblutmusiker von etwas Größerem ergreifen lassen, dann werden wir unsere Talente und Gaben mutig einbringen. Wird anderes wichtiger als die Angst um unser Ich, dann gewinnen wir eine neue schöpferische Freiheit: Wir richten unser Bemühen auf das, was wir tun – anstatt darauf, wie wir bei den anderen ankommen oder wie perfekt wir sind. Wir werden fähig, das zu geben, was nur wir zu geben vermögen.

All das verleiht eine tiefe innere Zufriedenheit! Und

diese Zufriedenheit trägt auch dann noch, wenn das Ergebnis nicht so ausfallen sollte wie erhofft.

Ganz am Boden – und doch nicht zerstört

Die Musikerin und spätere Zen-Meisterin Silvia Ostertag erzählt von einer Radikalkur, wie für sie anderes wichtiger wurde als ihre Angst. Eine Erfahrung, die für sie zum Durchbruch in eine ungeahnte Freiheit wurde.

Unter der Leitung des berühmten Dirigenten Sándor Végh sollte Silvia Ostertag mit ihrem Streichquartett die Meisterkurse für Musik in der Nähe von Lissabon eröffnen. Dies kam ziemlich überraschend. Noch weniger hatte sie geahnt, dass die Eröffnung von Fernsehen und Hörfunk übertragen wurde. Sie schreibt: »Gleich zu Beginn hatte das Cello ein Solo zu spielen – besser gesagt: hätte ich ein Solo zu spielen gehabt. Es muss geklungen haben, als nehme jemand zum ersten Mal ein Cello in die Hand. Ich höre noch heute das laute und empörte ›Halt‹ von Sándor Végh. ›Das Cello ist zu schlecht, fangt nochmals an!‹ Die erste Geigerin lächelte mir ermutigend zu, aber das unterbrechende ›Halt‹ ertönte jetzt noch früher als zuvor. Végh schrie mir zu: ›Sie spielen zu schlecht! So kann ich überhaupt nicht unterrichten!‹

Wäre da ein Spalt im Boden gewesen, ich wäre blitzartig hinein versunken. Stattdessen schrie ich – zu meiner eigenen Überraschung – zurück: ›Ich habe Angst!‹

›Angst?‹, das klang beinahe höhnisch: ›Dann spielen Sie so lange allein – immer den gleichen Ton –, bis Sie keine Angst mehr haben!‹ Ein unausweichlicher und mürrischer Befehl. Ich begann, die leere Saite zu streichen. Der Bogen holperte vor lauter Zittern. Schweiß und Tränen rannen mir herunter. Und die Kamera kam dicht an mich heran, um das sensationelle Zittern in Großaufnahme festzuhalten. Ich weiß nicht mehr, wie lange ich so hin- und hergestrichen habe, aber mit einem Mal dachte ich: ›Mehr kannst du dich nicht in deinem ganzen Leben blamieren. Alle wissen jetzt, dass du eine Null bist, völlig fehl am Platz. Jetzt hast du alles verloren.‹

Zu meiner Verwunderung fühlte ich mich bei dieser Einsicht wie befreit. Ich achtete auf einmal nicht mehr auf meine Hand, ich konnte und wollte nichts mehr verbessern und gewinnen. Im selben Augenblick spürte ich, wie eine große Ruhe durch meinen Körper strömte und wie mich eine heitere, tiefe Selbstverständlichkeit erfasste. Ich schaute ins Publikum und sah, dass es nicht Feinde waren, sondern Menschen, die mir geholfen hatten, hindurchzugehen.

Végh stand weit abseits und hatte mir den Rücken zugewandt, aber als er die innere Wende in meinem Spiel vernahm, drehte er sich blitzschnell um und gab uns ein Zeichen, jetzt wieder mit dem Quartett zu beginnen. Nun spielte ich nicht nur ohne einen Anflug von Angst, sondern in einer für mich völlig anderen Qualität. Die ›hoffentlich-kann-ich-das‹-Ebene mit ihren erbärmlichen Angst- und Siegesgefühlen war nicht mehr da, störte nicht mehr die Hingabe an die Arbeit, Töne in ihrer Lebendigkeit wiederzugeben.«[13]

Beim Lesen dieser albtraumhaften Situation krampft sich mein Inneres zusammen. Wenn ich mir vorstelle: Ich muss erst eine solche Blamage erleiden, um von der Angst um das eigene Ich frei zu werden … So etwas sucht sich niemand! Und doch: Reißt uns ein Ereignis das Steuerruder aus der Hand, können wir bisweilen auf den tiefen Lebensstrom stoßen, der alles Lebendige verborgen trägt. Auch uns selbst … Glücklicherweise können wir aber auch durch kleinere Krisen hindurchgehen und dabei in Selbstvergessenheit und Verbundenheit mit anderen wachsen.

3. In der Zwangsjacke von Geschlechterrollen

Es braucht Mut, sich zu sich selbst zu bekennen. Denn wir leben in einer Gesellschaft, die von uns fordert, ins Bild zu passen und zu gefallen. Im Lauf der vergangenen Jahre bin ich immer mehr zu der Überzeugung gelangt: Insbesondere die Erwartungen, die unsere Gesellschaft an das jeweilige Geschlecht hat, üben nach wie vor eine äußerst große Macht aus! Natürlich hat sich das Selbstverständnis von Frauen und Männern in unserer westlichen Kultur tief greifend verändert. Klare weibliche oder männliche Rollen lassen sich immer weniger feststellen. Frauen ergreifen Männerberufe und gehen in die Politik. Männer nehmen Elternzeit und beschäftigen sich mit den Vor- und Nachteilen von Pampers und Stoffwindeln. Und dennoch: Wenn die eigenen Verhaltensweisen, Eigenschaften und Interessen dem gängigen Bild widersprechen, was ein »echter Mann« ist und was als »weiblich« gilt, dann wird es schwierig für Männer wie für Frauen!

Im Folgenden zeige ich Herausforderungen, vor denen Frauen bzw. Männer typischerweise stehen, wenn es darum geht: »Trau dich, es ist dein Leben!« Natürlich gibt es weder »die« Frauen noch »die« Männer, sondern viele unterschiedliche Männer und Frauen. Das berücksichtige ich im Folgenden nicht. Ebenso wenig geht es mir um Vollständigkeit. Vielmehr schöpfe ich aus meiner Beratungspraxis und Kursarbeit, um beispielhaft zu verdeutlichen: Vor welchen typischen Herausforderungen stehen Männer, wenn sie sich üben wollen in der Kunst, couragiert zu leben – eine Kunst, die den Mut zur Verletzbarkeit und die damit einhergehenden Ängste in sich einschließt? Und vor welchen Herausforderungen stehen Frauen?

»Sei nett und anpassungsbereit, verständnisvoll und selbstlos, häuslich und mütterlich und nutze deine Zeit und Begabungen dafür, attraktiv auszusehen. Und wenn dann noch Platz für deine eigenen Träume und Fähigkeiten sein sollte, nutze ihn.« Ein derartiges Klischee von Weiblichkeit klingt in meinen Ohren wie ein Relikt aus vergangenen Zeiten. Und ich staune immer wieder, wenn ich mir etwa vor Augen führe: Erst seit dem 1. Juli 1977 haben Ehefrauen in Deutschland das Recht, eine Berufstätigkeit aufzunehmen, ohne den Ehemann um Erlaubnis zu fragen. Doch in Wahrheit stoßen Frauen auch heute noch auf diese ungeschriebenen Regeln, sobald sie sich selbstbewusst zu Wort melden. In zahlreichen Interviews berichten erfolgreiche Frauen: Es kostet sie tagtäglich Mut und Kampfgeist, wenn sie diese klassischen Forderungen außer Acht lassen, um sich selbst zu behaupten und ambitioniert für ihre Ideen einzutreten.

Die Kehrseite dieser Medaille: Was für ein Verlust, wenn eine junge Frau aufgrund solcher Erwartungen ihren brillanten Verstand und ihre Kreativität nicht bis zur Neige ausschöpft, um ein gerechteres Wirtschaftsmodell zu entwickeln. Und was für ein Verlust, wenn eine Frau mit der Fähigkeit, in der medizinischen Forschung einen Durchbruch zu erzielen, sich von althergebrachten Erwartungsmustern ausbremsen lässt. Der Welt – und das heißt: uns allen – und ihnen selbst geht Einmaliges und Entscheidendes verloren.

Angstblockaden

Unsere tiefste Angst ist nicht, ungenügend zu sein.
Unsere tiefste Angst ist, dass wir über alle Maßen kraftvoll
sind.
Es ist unser Licht, nicht unsere Dunkelheit, die uns am
meisten Angst macht.
Wir fragen uns selbst –
wer bin ich, von mir zu glauben,
dass ich brillant, großartig, begabt und einzigartig bin?

Bei zahlreichen Veranstaltungen habe ich diese Zeilen von Marianne Williamson vorgetragen. Wenn es im Saal mucksmäuschenstill wird oder wenn Leute die Hände vors Gesicht schlagen, dann weiß ich, dass ich eine heiße Spur verfolge. Beim obigen Text kam es zu solchen Reaktionen – und zwar insbesondere seitens der Frauen.

Warum haben (natürlich nicht nur) Frauen oft Angst davor, sich in ihrer vollen Größe zu entfalten? Warum scheuen sie so schnell davor zurück, sich selbst zu behaupten und ihr ganzes Potenzial auszuschöpfen?

Eine große Rolle spielt die Angst, sich zu *blamieren*, wenn man aus der Reihe heraustritt und selbstbewusst für eigene Ideen eintritt. Die Furcht davor, zu scheitern, hält davon ab, etwas zu riskieren.

Dazu gesellen sich vielfältige andere Gründe, die Frauen davon abhalten, in Übereinstimmung mit ihren Gaben und Talenten zu leben: Da ist die *Angst, andere zu überragen*. Dies klingt beim ersten Hören vielleicht überraschend. Denn schließlich leben wir in einer wettbewerbsorientierten Gesellschaft, die suggeriert: »Nur wenn du hervorstichst und dich als herausragend empfindest, kannst du mit dir selbst einverstanden sein.« Doch auf der anderen Seite hebt die Spitzenposition auf dem Siegertreppchen nicht nur aus der Menge heraus; sie sondert zugleich auch von anderen ab. Wer andere überragt, ist eben *einsame* Spitze. Und dies reibt sich mit dem Wunsch nach Beziehung und Nähe.

Viele Frauen befürchten, *arrogant zu wirken* und dafür von anderen abgelehnt zu werden. »Für wen hältst du dich eigentlich? Jetzt sei mal nicht so eingebildet! Du glaubst wohl, du bist was Besseres!« Viele mussten als Kind derart beißende Kommentare einstecken. Und manche aus der älteren Generation bekamen ins Poesiealbum geschrieben: »Sei wie ein Veilchen im Moose, so sittsam, bescheiden und rein. Nicht wie die stolze Rose, die immer die Schönste will sein.« Wer diese Stimmen erst einmal verinnerlicht hat, stutzt sich selbst zurecht. Und »zurechtstutzen« meint hier »kleinstutzen«!

Auch scheuen viele davor zurück, ihr Licht leuchten zu lassen aus Sorge davor, *zu sichtbar* zu werden und die Aufmerksamkeit anderer zu stark auf sich zu ziehen. »Denn«, so die Befürchtung, »wer weiß, ob ich dann nicht als überheblich gelte. Als selbstbezogen und selbstverliebt.« Es verletzt, wenn unser Ringen um Authentizität mit Selbstsucht gleichgesetzt wird. Und es ängstigt, wenn dadurch eine Beziehung zu kriseln beginnt.

Es fällt auf, dass eine Reihe der genannten Befürchtungen in die Angst mündet: »Wenn ich beginne, im Einklang mit meinen Kräften und Begabungen zu leben, gefährde ich *Beziehungen*. Möglicherweise verliere ich gar einen Menschen – vielleicht den Partner, die beste Freundin oder meine Lieblingskollegin.« Eine solche Angst kommt nicht von ungefähr. Denn wer den Iststand infrage stellt, weckt bei anderen oft Widerstände. Und wer aus dem Rahmen fällt, passt nicht mehr in das Bild der anderen und erfährt oft Ablehnung.

Das eigene Licht leuchten lassen

Was stärkt den Mut, zur eigenen Größe zu finden? Diese Frage habe ich mir bereits gestellt, als ich mein Buch »Freunde fürs Leben. Von der Kunst, mit sich selbst befreundet zu sein« geschrieben habe. Im Folgenden greife ich manche Gedanken daraus auf.[14]

Um den oben genannten Ängsten die Stirn zu bieten, hilft als *Erstes* die Einsicht: Wenn wir unsere eigenen Fähigkeiten verleugnen, verneinen wir einen Teil von uns selbst. Wir sind uns selbst gegenüber illoyal und betrügen uns selbst. Jesus drückt dies mit einem eindringlichen Bild aus: Wer seine Talente vergräbt, anstatt sie einzusetzen, begräbt sich selbst. Ja, der oder die gibt sich in gewisser Weise selbst dem Tod hin (vgl. Matthäus 25,14–30). Das eigene Potenzial zu leben hat also weder mit Arroganz und Geltungssucht zu tun noch mit Selbstsucht. Es ist vielmehr der Mut, authentisch zu sein. Es ist die Courage, sich auf das Leben einzulassen mit dem, was wir in uns tragen, und mit unserer ganzen Person.

Jedes Mal, wenn wir unsere inneren Schutzmechanismen überwinden und uns einbringen mit unserer Leidenschaft und Stärke, finden wir zu mehr Lebendigkeit und Kreativität. Wir entwickeln und entfalten uns. Und zugleich ermutigen wir damit auch andere, sich zu entwickeln und zu entfalten.

Und damit kommt ein *zweiter* Punkt in den Blick: Es verhält sich genau umgekehrt, als es uns die genannte Furcht vor Beziehungsverlust einreden will. Eine wertschätzende Haltung sich selbst gegenüber muss Beziehungen nicht zwangsläufig gefährden. Das Gegenteil ist der Fall: Sie kann diese bereichern! Einen interessanten Hinweis gibt in diesem Zusammenhang das Wort »Autorität«. Es hat seinen Ursprung im lateinischen »augere« (= vermehren, wachsen lassen). Im wörtlichen Sinn hat jemand Autorität, wenn er oder sie die Entwicklung anderer fördert. Wahre Autorität macht andere nicht nieder, sondern lässt sie groß werden. Das kommt in der altertümlichen Wendung »ein Kind großziehen« zum Ausdruck. Wer sich hingegen durch Imponiergehabe über andere erhebt oder sie kleinmacht, um selbst groß rauszukommen, der hat keine wahre Autorität. Ein solcher Mensch ist lediglich autoritär.

Vielleicht mögen Sie einen Moment innehalten und sich fragen: Habe ich das Glück, Personen zu kennen mit einer echten inneren Autorität? Personen, die mich in meiner Größe haben wachsen lassen?

Bei genauerem Hinschauen fällt Ihnen vielleicht auf: Je mehr jemand um seinen *eigenen* Selbstwert weiß, umso besser vermag er andere in *ihrem* Leben zu stärken. Selbstbewusste, freie Menschen können andere in ihrer Freiheit fördern und fordern.

Übersetzt ins tägliche Leben, bedeutet das: Wer sich am Guten in sich freut *und* anerkennt, dass alle Menschen ihre Talente und Potenziale haben, kann sich zu seiner Größe bekennen, ohne sich arrogant aufzublasen. Wer das Licht in sich selbst achtet, vermag auch das Licht in allen zu würdigen. Und bestärkt dadurch andere, dass auch *sie* ihr Licht nicht unter den Scheffel stellen, sondern es strahlen lassen.

Marianne Williamson bringt diese innere Wechselbeziehung auf den Punkt in jenem Text, den ich nun vollständig zitiere:

Unsere tiefste Angst ist nicht, ungenügend zu sein.
Unsere tiefste Angst ist, dass wir über alle Maßen
kraftvoll sind.
Es ist unser Licht, nicht unsere Dunkelheit, die uns am
meisten Angst macht.
Wir fragen uns selbst –
wer bin ich, von mir zu glauben,
dass ich brillant, großartig, begabt und einzigartig bin?
Aber genau darum geht es,
warum solltest Du es nicht sein?
Du bist ein Kind Gottes.
Dich kleinzumachen nützt der Welt nicht.
Es zeugt nicht von Erleuchtung, sich zurückzunehmen,
nur damit sich andere Menschen um dich herum nicht
verunsichert fühlen.
Wir alle sind aufgefordert, wie die Kinder zu strahlen.
Wir wurden geboren, um die Herrlichkeit Gottes, die
in uns liegt, auf die Welt zu bringen.
Sie ist nicht in einigen von uns, sie ist in jedem.
Und indem wir unser eigenes Licht scheinen lassen,
geben wir anderen Menschen unbewusst die Erlaubnis,
das Gleiche zu tun.[15]

Ein langer Schatten

Die Größe und Schönheit jedes Menschen deutet Marianne Williamson religiös: Alle verdanken sich einem göttlichen Ursprung. Allen wohnt ein göttliches Licht inne. Und es ist jeder und jedem anvertraut, das eigene Licht leuchten zu lassen und – auch dadurch – andere zu ermutigen, *ihr* Licht zum Strahlen zu bringen. Wo das geschieht, verwirklicht sich die neue Welt Gottes, für die Jesus eingetreten ist.

Zu Recht wird dem Christentum vorgeworfen, dass es Menschen im Namen einer falschen Demutsforderung kleingemacht hat, insbesondere Frauen. Wenn sie aus der Masse heraustraten, wurde ihnen Stolz vorgeworfen – und auf diese Weise die göttliche Dimension in ihnen verneint. Nicht wenige Kanzelredner verzerrten auf ihren intellektuellen *Flach*bildschirmen die *Tiefe* des biblischen Menschen- und Gottesbildes: Als ob Gott umso erhabener würde, je armseliger wir über die Erde kriechen. Dieser lange Schatten kirchlicher Anti-Verkündigung reicht bisweilen bis in die Gegenwart. Und steht doch ganz und gar im Widerspruch zum Gründungsdokument des christlichen Glaubens und zu allen großen spirituellen Traditionen!

In meiner Seelsorgearbeit gehört es für mich zu den schmerzhaftesten Momenten, wenn ich erlebe, dass Menschen im Namen des Glaubens oder der christlichen Moral zurechtgestutzt worden sind oder kleingehalten werden. Und es gehört zum Schönsten, wenn ich dazu beitragen kann, dass Menschen leben und lieben aus ganzem Herzen, mit ganzer Seele und mit ganzer Kraft. (vgl. Markus 12,30 f.)

Es ist stark, wenn jemand schwach sein kann

St. Moritz, Ski-Weltmeisterschaft 2017: In einer atemberaubenden Aufholjagd sichert sich Felix Neureuther, Deutschlands bester Skifahrer, die Bronzemedaille im Slalom. Von Rang zehn im ersten Lauf rast er auf Platz drei. Überwältigt von seinen Gefühlen, dreht er sich weg, als

Journalisten ihn interviewen wollen. Tränen schießen ihm in die Augen. Erst nach einer langen Pause findet der Skistar Worte. Er wischt seine Tränen weg, und bevor er sich zu seinem Sieg äußert, entschuldigt er sich: »Eigentlich bin ich ja nicht so 'ne Pussy.«

Es wundert nicht, dass Felix Neureuther sich vor der Fernsehöffentlichkeit schützen will, als der überraschende Sieg ihn emotional packt und er zu weinen beginnt. Sehr aufschlussreich dann sein Kommentar, als er sich wieder mehr im Griff hat: Er entschuldigt sich für seine Tränen mit dem Hinweis, dass er sich normalerweise mehr unter Kontrolle habe. Durch seine Wortwahl suggeriert er, dass es eine weibliche Schwäche sei, berührt und gerührt zu sein. Und dass es auf eine labile Psyche hinweise, wenn man sich verletzlich zeige. Aber Verletzlichkeit ist weder eine Frage des Geschlechts, noch lässt sie sich eliminieren. Vor allem aber stellt sie keine Schwäche dar, sondern den Schlüssel zu einem guten Leben.

In der kurzen Szene mit Felix Neureuther kommen traditionelle Vorstellungen zum Tragen, was es heißt, »ein Mann« zu sein. Dazu gehören etwa emotionale Kontrolle, keine Schwäche zu zeigen, nicht verletzlich, sondern stark, erfolgreich und auch im größten Stress noch cool und überlegen zu sein. Natürlich gibt es auch moderne männliche Leitbilder, die Sensibilität und das Zeigen von Gefühlen positiv bewerten. Dennoch deckt das Interview geschlechtstypische Herausforderungen auf, wenn es darum geht, mutig zu leben. Oder wie Herbert Grönemeyer singt:

»Männer haben's schwer, nehmen's leicht
Außen hart und innen ganz weich
Und werden als Kind schon auf Mann geeicht«

Verletzt zu werden schmerzt! Niemand will das. Und doch müssen wir alle lernen, mit den Wunden, die das Leben mit sich bringt, klarzukommen. Aufgrund des herrschenden Männlichkeitsideals tendieren Männer schnell dazu, Verletzlichkeit als etwas abzutun, was ihnen fremd ist. Nicht selten begründen sie dies mit Hinweisen wie: »Ich habe einen harten Job; für alles Weiche ist da kein Platz!« »Als Lehrer kann ich mir Verletzlichkeit nicht leisten.« »Verletzlichkeit – das gibt's bei mir nicht.«

Diese Selbstbeschreibung überrascht nicht. Denn schon als Jungs haben viele verlernt, Gefühle wie Traurigkeit, Angst, Überforderung oder Hilflosigkeit zuzulassen. Diese Empfindungen waren einfach nicht angesagt, nach dem Motto: »Ein Junge weint nicht.« Und wer will schon gerne als »Du Angsthase!«, »Du Feigling!« oder als »Du Opfer!« beschimpft werden? Dann doch lieber solche Gefühle als unmännliche Schwäche brandmarken und verdrängen. Und sie mit der Zeit dann oft tatsächlich nicht mehr bewusst wahrnehmen.

Falls auch Sie meinen sollten, Verletzlichkeit sei Ihnen fremd, dann lohnt es sich, dass Sie sich Fragen stellen wie:

- Wie ausgeprägt ist meine Bereitschaft, emotionale Risiken einzugehen? Wo ordne ich meine Bereitschaft ein auf einer Skala von 1 (keine Bereitschaft) bis 10 (sehr ausgeprägte Bereitschaft)?
- Was löst es bei mir aus, wenn ich mich emotional ungeschützt fühle?
- Wie reagiere ich, wenn ich mich unsicher fühle, etwa bei Kritik?

Und wenn Sie sehr mutig sein sollten, können Sie auch vertraute Menschen fragen, wie diese Ihr Verhalten wahrnehmen.

Warum ist es wichtig, der eigenen Verletzlichkeit auf die Spur zu kommen? – Weil ungeachtet aller Strategien und Idealbilder gilt: Verletzlichkeit gehört zur Mitte unserer Existenz! Diese Tatsache steht nicht zur Disposition. Was wir jedoch im Allgemeinen beeinflussen können, ist, wie wir reagieren, wenn wir mit Unsicherheit und emotionaler Blöße konfrontiert sind. Es handelt sich um ein psychologisches Grundgesetz: Erst wer Verletzlichkeit als Teil seines Lebens anerkennt, wird mit verunsichernden und schmerzhaften Erfahrungen konstruktiv umgehen können. Ansonsten halten ihn Abwehrstrategien im Griff.

Ein Beispiel aus meiner Beratungstätigkeit: In den vergangenen Jahren habe ich mich intensiv mit dem Phänomen der Kränkung beschäftigt und bin dabei zu der Überzeugung gelangt: Beziehungswunden gehören zu den tiefsten Wunden des Lebens. Werden diese zu schnell zugepflastert – etwa im Sinne von »Sei kein Weichei!« oder »Da stehst du drüber!« –, dann können sie nicht heilen. Erst wenn die mit einer Kränkung verbundenen Gefühle wie Angst, Scham oder Ohnmacht wahrgenommen und durchgearbeitet werden, können sie sich auflösen. Ansonsten üben sie ein einflussreiches Schattenregiment aus.

In zahlreichen Veranstaltungen und Gesprächen fand ich bestätigt, was auch Studien belegen: Viele Männer tendieren dazu, ihre »schwachen« Gefühle wie Angst, Ohnmacht und Trauer in Wut umzuwandeln. Oft muss ihr Zorn dafür herhalten, dass sie sich ihre Verletzlichkeit vom Leib halten. Und Gewaltausbrüche – verbale oder körperliche – dienen dazu, ihre Hilflosigkeit und Ohnmacht zu überspielen.

Wenn sich unter der Wut solche ungelebten Gefühle verbergen, dann gibt es nur *einen* Ausgang aus dem verheerenden Kreislauf von Verletzung und Wut oder gar Gewalt: sich den »schwierigen« Gefühlen zu stellen. Und das meint, sie wahrzunehmen und anzunehmen.

Dafür ist Mut vonnöten. Und die Bereitschaft zu bisweilen mühsamen inneren Prozessen. Angesichts dessen haben Männer in Gesprächen und Kursen häufiger vorgeschlagen, sich lieber möglichst unverletzbar zu machen. Denn dann könnte man sich die ganze Prozedur ersparen. Hier ist er wieder, der Traum, unverwundbar zu sein! Doch abgesehen davon, dass es sich um eine Illusion handelt, ist hinreichend deutlich geworden: Wer sich unverwundbar gibt, riskiert eine brutale Einsamkeit. Wer sich eine wehrhafte Rüstung aus Stärke, Coolness oder Wut zulegt, der kann nicht mehr so leicht getroffen werden. Aber den kann auch nichts oder niemand mehr berühren. Erst wer die Schutzhülle von Schweigen und Alleinsein (»Da muss man alleine durch!«) ablegt, findet zu lebendigen Beziehungen. Verletzlichkeit zu riskieren ist der Weg zueinander und zu uns selbst! Verletzlichkeit zu wagen ist der Schlüssel zu einem Leben, das diesen Namen verdient.

Gegenseitige Entwicklungshilfe

An diesem Punkt regt sich häufig Widerspruch – und zwar gerade von Männern, die einen guten Zugang zu ihren Gefühlen haben. Und die eine innere Freiheit besitzen, auch ihre »weichen« Seiten einzubringen. Denn sie erleben sich in einem Spagat: Einerseits wollen sie offen und verletzlich sein. Und genau das fordern die Frauen in ihrem Leben auch ein – Ehefrau, Schwester, Freundin. Andererseits geraten sie in eine emotionale Zwickmühle, wenn sie sich in schwachen Momenten authentisch zeigen. Denn wenn Männer wirklich am Boden liegen, können viele Frauen dies nicht ertragen. Sie reagieren enttäuscht oder gar mit Verachtung oder Ablehnung.

Dies zeigt: Frauen sind mitbeteiligt am Rollenspagat der Männer – und umgekehrt. Vor allem aber wird deutlich: Nur gemeinsam können Frauen und Männer eingefahrene Rollenmuster und Gesellschaftsstrukturen verändern. Etwa jene Vorstellungen, die uns bremsen, im Einklang mit unserer eigenen Kraft und Begabung zu leben und unsere Potenziale zu entfalten. Oder die uns davon abhalten, heimisch zu werden in der inneren Welt der Gefühle. Es braucht diese gegenseitige Entwicklungshilfe – und zwar auch, um den gesellschaftlichen und Herausforderungen begegnen zu können.

4. Mit ganzem Einsatz

»Wofür lebst du?« Vermutlich gibt es so viele Antworten auf diese Frage wie Menschen auf der Erde. Da und dort werden sie sich ähneln, und Werte wie Familie, Liebe, Freundschaft werden vorne rangieren. Entsprechen diese Werte doch zentralen menschlichen Bedürfnissen. Das wirklich Interessante an diesen Antworten liegt aus meiner Sicht in der leisen Ahnung eines *Lebenssinns, der sich ganz dem anderen verdankt.* Den ich nicht selbst schaffe, sondern mir nur schenken lassen kann – etwa von meinen Kindern, die mich brauchen; von Notleidenden, denen zu helfen mir als sinnvoll einleuchtet.

Für wen gehst du?

Martin Buber erzählt in einer Geschichte aus der jüdischen Tradition von Rabbi Naftali in Ropschitz. Die Reichen dieser Stadt beauftragten Wächter damit, nachts ihre abseits gelegenen Häuser zu schützen. Als Rabbi Naftali eines Abends am Waldrand spazieren ging, begegnete er einem der Wächter. »›Für wen gehst du?‹, fragte er ihn. Der gab Bescheid, fügte aber die Gegenfrage daran: ›Und für wen geht Ihr, Rabbi?‹ Das Wort traf den Zaddik wie ein Pfeil. ›Noch gehe ich für niemand‹, brachte er mühsam hervor, dann schritt er lange schweigend neben dem Mann auf und nieder. ›Willst du mein Diener werden?‹, fragte er endlich. ›Das will ich gern‹, antwortete jener, ›aber was habe ich zu tun?‹ ›Mich zu erinnern‹, sagte Rabbi Naftali.«[16]

Für wen gehst du? Wofür stehst du? Für wen hast du dich entschieden und setzt Zeit, Kraft, Fantasie und Mühe ein? Diese Fragen treffen ins Mark! Und sie sind nicht selbstverständlich in einer Gesellschaft, die ihr Augenmerk primär auf das *Haben* richtet. Ständig wird einem eingeflüstert: »Wenn du dieses oder jenes hast – das Auto, das Designerkleid, das neue Smartphone, das schicke Haus, die Familie –, dann bist du glücklich.« Oder: »Wenn du Erfolg hast, dann bist du jemand.« Doch tragfähiges Glück kann nicht durch Äußeres kommen! Und dies aus zahlreichen Gründen: Erstens hängen Güter wie Besitz oder Ansehen von vielen äußeren Faktoren ab, die sich unserer Kontrolle entziehen. Zweitens schüren diese Dinge Verlustängste, denn was zu haben ist, kann man auch verlieren. Drittens machen sie Menschen untereinander zu Konkurrenten. Vor allem aber können materielle Dinge einen auf Dauer nicht wirklich befriedigen. Was sich erwerben oder konsumieren lässt, gleicht vielmehr dem Meerwasser: Je mehr man davon trinkt, desto durstiger wird man. (Arthur Schopenhauer)

Wer primär nach materiellen Dingen strebt, lebt unter seinem Niveau. Und wer ständig um das eigene Ich kreist – etwa um Erfolg oder Sicherheit, Beliebtheit oder Gesundheit –, wird irgendwann feststellen, dass dies auf Dauer eine ziemlich einsame Angelegenheit ist und darüber hinaus sterbenslangweilig. Vor allem aber bleibt der Durst nach Sinn und Verbundenheit ungestillt.

Ganz anders fühlt es sich an, wenn man sich selbst aus dem Blick verliert, weil man einem anderen Menschen in die Augen schaut. Oder selbstvergessen in einer Aufgabe aufgeht. Dann durchströmt einen tiefes Glück.

Oft erzählen Menschen mit leuchtenden Augen von einem Engagement, das sie erfüllt: nach langwierigen Diagnosen endlich den Krankheitsherd entdeckt zu haben, der einer Patientin das Leben schwer macht; die Hausaufgabenhilfe für benachteiligte Jugendliche; das politische Engagement im Stadtteil ... Oder jene Biologin, deren Liebeskummer alles unter einem Grauschleier begrub. Sie kam aus ihrem dunklen Loch einfach nicht raus – und dies über viele Monate hinweg. Eines Tages beschloss sie, im nahe gelegenen Blindenheim regelmäßig zwei ältere Damen zu besuchen. Dieser Entschluss trug dazu bei, dass sie aus ihrem Tief herausfand und neu ins Leben einsteigen konnte. Es machte sie glücklich, jemanden glücklich zu machen!

Erfahrungen dieser Art zeigen: *Die höchst persönliche Frage nach dem Lebenssinn weist uns hinein in Beziehungen mit anderen Personen.* Für diese da zu sein, kann einen Lebenssinn schenken, der auch durch dunkle Zeiten hindurchträgt. Ein Lebenssinn, den ich mir nicht selbst ausdenke, sondern der sich dem anderen verdankt.

Sinn-gemäß leben

Die genannten Erfahrungen verdeutlichen ein Zweites: Sinn ist nichts, was man einmal *hat,* so wie man einen Gegenstand einpacken und mitnehmen kann. Sinn kann einem nur einleuchten, wenn man sich für ihn öffnet.

An diesem Punkt kommt erneut jene wichtige Haltung zur Sprache, die sinnerfülltem Leben zugrunde liegt: die

Fähigkeit, berührbar zu bleiben und Verletzbarkeit zu wagen. Eine solche beherzte Haltung wird konkret in der Bereitschaft, einem fremden Menschen aufgeschlossen zu begegnen und sich auf überraschende Situationen einzulassen. Sie erweist sich in dem Mut, sich locken oder erschüttern zu lassen, anstatt nur im Arbeitsmodus zu funktionieren oder sich bequem zurückzulehnen.

Träume

Ich beneide sie alle, die vergessen können,
die sich beruhigt schlafen legen und keine Träume
haben.
Ich beneide mich selbst um die Augenblicke blinder
Zufriedenheit:
erreichtes Urlaubsziel, Nordseebad, Notre-Dame,
roter Burgunder im Glas und der Tag des
Gehaltsempfangs.
Im Grunde aber meine ich, dass auch das gute
Gewissen nicht ausreicht,
und ich zweifle an der Güte des Schlafes, in dem wir
uns alle wiegen.
Es gibt kein reines Glück mehr (– gab es das jemals? –),
und ich möchte den einen oder andern Schläfer auf-
wecken können
und ihm sagen, es ist gut so.

Fuhrest auch du einmal aus den Armen der Liebe auf,
weil ein Schrei dein Ohr traf, jener Schrei,
den unaufhörlich die Erde ausschreit und den du
für Geräusch des Regens sonst halten magst oder das
Rauschen des Winds.
Sieh, was es gibt: Gefängnis und Folterung,
Blindheit und Lähmung, Tod in vieler Gestalt,

*den körperlosen Schmerz und die Angst, die das Leben
meint.*
*Die Seufzer aus vielen Mündern sammelt die Erde,
und in den Augen der Menschen, die du liebst, wohnt
die Bestürzung.*
Alles, was geschieht, geht dich an.

Günter Eich[17]

Die Wirklichkeit, der wir begegnen, hat uns etwas zu sagen! Da begegnet man jemandem, und auf einmal öffnen sich Perspektiven und Ziele, die weit über das tägliche Allerlei hinausreichen. Da trifft der Blick eines Hilfsbedürftigen, und man merkt: »Jetzt muss ich mich entscheiden!«

So ging es einer Ärztin, die beiläufig eine Fachzeitschrift durchblätterte. Das Bild einer am Ebola-Virus sterbenden Mutter wühlte sie auf. Betroffen spürte sie: »Ich kann nicht so tun, als ob mich das nichts angeht!« Sie kündigte im Krankenhaus und ging mit einer ärztlichen Hilfsorganisation für zwei Jahre nach Westafrika, um bei der Bekämpfung der Ebola-Epidemie mitzuarbeiten. Mit diesem Schritt handelte sie sich Bewunderung, aber noch mehr unverständliches Kopfschütteln ein. Forderte die Epidemie doch mehr als 11 300 Tote. Da die Ärztin nicht ausschließen konnte, dass sie sich ansteckte, verfasste sie vor ihrer Abreise ihr Testament …

Ob in kleinen Begebenheiten oder in außergewöhnlichen Ereignissen: Das Leben spricht zu uns. Keine Situation ist gleichgültig!

Nur wenn Menschen eine berührbare Haltung einnehmen, hat Solidarität eine echte Chance. Allein dann kann in unserem Innern die mitfühlende Sorge erwachen für jene, die Unterstützung brauchen. Nur dann kann einem die fürchterliche Not von Menschen, die unter Gewalt und Unrecht leiden, unter die Haut gehen.

Wir leben in Zeiten einer geradezu verbissenen Glückssuche im Privaten. Der Trend, sich ins Persönliche zurückzuziehen, nimmt zu. Mit freundlicher Unterstützung der sozialen Netzwerke machen viele es sich in kleinen Parallelwelten gemütlich. Das Interesse an dem, was außerhalb dieser privaten Welt geschieht, schwindet. Und die Gleichgültigkeit gegenüber der eigenen gesellschaftlichen Verantwortung wächst.

Nicht wenige spirituelle Strömungen unterstützen ein solch entpolitisiertes Leben: Meditationsgurus lehren eine ausschließliche Versenkung ins eigene Ich und vernebeln den Blick für den anderen. Solche meditativen Techniken können dazu führen, vor den großen gesellschaftlichen Herausforderungen die Augen zu verschließen. Ich persönlich halte solche Ansätze für pseudospirituelle Strömungen. Denn sie machen einen zum Komplizen der herrschenden Gleichgültigkeit. *Echte Spiritualität hingegen öffnet die Augen für die Verbundenheit von allen und mit allem! Und sie führt ins Handeln.*

Gott kommt uns entgegen in jenen, die uns brauchen. Die am Rand stehen, die bedrängt und heimatlos sind. Davon ist Jesus überzeugt. Entsprechend lehrt er eine »Mystik der offenen Augen« (Johann Baptist Metz). Deren Leitsatz lautet: »Aufwachen! Die Augen öffnen!« In biblischer Sicht gibt es eine unbedingte Pflicht, die Probleme und Nöte anderer an sich herankommen zu lassen und zu lindern.

Doch ein nüchterner Blick ins eigene Leben und in die Welt zeigt: Die Augen zu öffnen und wirklich sehen zu wollen braucht Mut. Es gibt so etwas wie eine hartnäckige Angst vor dem genauen Hinsehen. Vor jenem Blick, der mich ins Gesehene verstrickt und nicht einfach unbeteiligt weitergehen lässt. Andreas Knapp verdichtet dieses innere Ringen in seinem Gedicht »bartimäus«, einer originellen Deutung der biblischen Geschichte vom blinden Bartimäus, der sich von Jesus Heilung erhofft.

bartimäus

überlege es dir gut
ob du wirklich sehen willst
viel schreckliches kennst du
bislang nur vom hörensagen

willst du wirklich
fremdes leid mit ansehen
und der ungerechtigkeit der welt
ins auge blicken

sehen will ich Herr
augenblicklich
dich anschauen
und mit dir im blick
fürchte ich nicht
alles zu sehen

Andreas Knapp[18]

Wir schulden es unserer Verletzbarkeit und Selbstachtung, dass wir uns schützen. Aber dies allein reicht nicht für ein humanes Leben. Es braucht Menschen, die es wagen, eine Schwäche zu haben – für einen Menschen, für eine Aufgabe oder für den Traum nach einer gerechteren Welt. Unsere Gesellschaft lebt von all jenen, die um eines höheren Zieles willen freiwillig eigene Ressourcen zur Verfügung stellen: Zeit, Geld, Energie, Kreativität. Wir leben von jenen, die sich selbst in die Waagschale werfen, wenn sie Kinder gebären und ihnen ein Zuhause schenken. Und von denen, die unpopuläre Tatsachen zur Sprache bringen, sich für den Frieden einsetzen oder der Ausländerfeindlichkeit entgegentreten.

Wer so etwas wagt, überwindet den bloßen Selbsterhaltungstrieb. Eine solche Person macht sich verwundbarer, als sie sein müsste. Sie investiert sich selbst um anderer willen. Eine solche Haltung erschließt Leben. Und entwickelt eine eigene Dynamik. Gehen Menschen das Wagnis der Verwundbarkeit ein, dann entsteht eine Macht, die sogar Diktaturen zu stürzen vermag. Das haben die Leipziger Montagsdemonstrationen im Herbst 1989 gezeigt: Das »Wunder der Gewaltlosigkeit« brachte die Berliner Mauer und ein auf Angst und Misstrauen errichtetes System zu Fall.

Natürlich: Wir können scheitern, wenn wir uns unerschrocken für etwas einsetzen. Wir können heftig verletzt werden. Dieses Szenario lässt mich zaudern. Manchmal scheue ich davor zurück, für das zu kämpfen, woran ich glaube. In solchen Situationen rufe ich mir einen Satz von Mahatma Gandhi in Erinnerung. Denn er macht mir Mut zur Angst und zeigt mir die Richtung, in die mein Weg gehen kann.

Mahatma Gandhi, der sicher oft den Eindruck hatte, gegen Windmühlen zu kämpfen, schrieb: »Zufriedenheit liegt im Einsatz, nicht im Erreichen. Ganzer Einsatz ist ein ganzer Erfolg.« Es gilt also: Wer wagt, gewinnt – selbst wenn er verliert. Denn nicht derjenige führt eine traurige Existenz, dessen Träume nicht in Erfüllung gegangen sind, sondern der nie geträumt hat.

Scheitern gehört zum Leben. Und niemand ist gefeit vor dem schmerzhaften Empfinden von Ohnmacht. Doch es gibt einen wesentlichen Unterschied, wie man eine solche Geschichte im Nachhinein erlebt. Der Unterschied liegt darin: Habe ich mich der Sache ganz hingegeben, oder bin ich mit angezogener Handbremse gefahren? Und: Habe ich meine Werte gelebt, oder hat anderes den Ton angegeben, vielleicht meine Gleichgültigkeit, meine Angst oder der Wunsch nach Anerkennung?

Wage ich mich couragiert hinaus, tut es natürlich nach wie vor weh, wenn mein Einsatz ins Leere läuft. Aber es spielt keine entscheidende Rolle mehr, ob ich Erfolg habe oder eine Niederlage einstecken muss. Vielmehr zählt, dass ich den Mut hatte, mich ganz in die Waagschale zu werfen. Eine solche Haltung macht unabhängig(er) von Applaus und Erfolgserlebnissen. Sie schenkt inneren Frieden.

Die christliche Spiritualität kennt einen »Trost in den Tränen« (vgl. Psalm 126,5 f.). Dieser kann sich einstellen, wenn man – auch wenn es einen etwas kostet und Tränen in die Augen treibt – treu geblieben ist: vor allem sich selbst. Einem Menschen. Dem Leben. Der Liebe. Gott.

Der bekannte Theologe Karl Rahner geht auf Spurensuche nach solchen Erfahrungen, wenn er fragt: »Haben wir schon einmal verziehen, obwohl wir keinen Lohn dafür erhielten? [...] Haben wir uns schon einmal zu etwas entschieden, rein aus dem innersten Spruch unseres Gewissens heraus? […] Waren wir einmal gut zu einem Menschen, von dem kein Echo der Dankbarkeit und des Verständnisses zurückkommt?«[19] Ein solch großherziges Verhalten rechnet sich nicht. Es zahlt sich nicht aus in einem Kosten-Nutzen-Kalkül. Doch nur solche mutigen Gesten verwandeln unsere Welt in einen Garten der Menschlichkeit.

Karl Rahner sieht hier den Geist Gottes selbst am Werk. Und dieser beseelt nach christlicher Überzeugung jeden Menschen von innen her. Wer sich dieser Dynamik anvertraut, findet zu einem »Leben in Fülle«.

KAPITEL FÜNF

VORWÄRTS

GUTEN MUTES ENTSCHEIDEN

In jeder und jedem brennt das heimliche Verlangen: Ich möchte das, was ich aus mir und meinem Leben mache, zufrieden und dankbar bejahen können. Umgekehrt hinterlässt nichts einen schaleren Nachgeschmack als der Eindruck: Ich fühle mich wie im falschen Film. Ich spreche fremden Drehbüchern nach und schlüpfe in Rollen, die mir nicht passen.

In dem Maß, in dem *Sie* die Regie in Ihrem eigenen Lebensfilm übernehmen, werden Sie ein erfülltes Leben führen. Denn Glück stellt sich immer von innen her ein!

Damit kommt ein Gesichtspunkt in den Blick, der schon in den bisherigen Überlegungen angeklungen ist: Die Reise *ichwärts, duwärts* und *weltwärts* – diese Reise besteht aus zahllosen kleinen Schritten. Sie führt immer wieder an Weggabelungen und stellt uns vor *Entscheidungen*. Etwa: Spreche ich meinen Partner darauf an, dass mir die Funkstille zwischen uns wehtut? Welche Richtung soll meine berufliche Laufbahn nehmen? Lasse ich mir die Not eines Menschen zu Herzen gehen und mich aus meiner Komfortzone herauslocken?

Ob in alltäglichen Begebenheiten oder bei weitreichenden Weichenstellungen, unausweichlich steht man vor der

Wahl: Fasse ich in dieser konkreten Situation den Mut, zu mir selbst zu stehen? Soll eine Entscheidung meine Handschrift tragen, oder halte ich mich lieber bedeckt? Passe mich an? Gehe auf Nummer sicher?

Eine gute Entscheidung setzt Mut voraus. Insbesondere den Mut zur Verletzbarkeit! Denn für eine stimmige Entscheidung braucht es die Bereitschaft, *Ich* zu sagen. Sie lebt von der Risikobereitschaft, sich auf Ungewisses einzulassen. Und möglicherweise eine Fehlentscheidung zu treffen. Angesichts dessen fällt es vielen Menschen schwer, überhaupt Entscheidungen zu treffen.

1. Die Angst der Unentschlossenen

Du kannst dir nicht ein Leben lang
die Türen alle offen halten,
um keine Chance zu verpassen.
Auch wer durch keine Türe geht
und keinen Schritt nach vorne tut,
dem fallen Jahr für Jahr
die Türen, eine nach der anderen, zu.
Wer selber leben will, der muß entscheiden:
ja oder nein –
im Großen und im Kleinen.
Wer sich entscheidet, wertet, wählt
und das bedeutet auch: Verzicht.
Denn jede Tür, durch die er geht,
verschließt ihm viele andere.
Man darf nicht mogeln und so tun,
als könne man beweisen,
was hinter jener Tür geschehen wird.
Ein jedes Ja
– auch überdacht, geprüft –

ist zugleich Wagnis
und verlangt ein Ziel.
Das aber ist die erste aller Fragen:
Wie heißt das Ziel,
an dem ich messe Ja und Nein?
Und: Wofür will ich leben?

Paul Roth[20]

Scheiden tut weh

Das Leben führt uns stets an neue Weggabelungen heran.
Wählen zu können, welche Richtung wir einschlagen,
fühlt sich bisweilen faszinierend und verheißungsvoll an.
Doch zugleich zwingt jede Abzweigung dazu, sich zu beschränken. Jede Tür, durch die wir gehen, verschließt viele
andere. Jedes Mal, wenn wir uns für etwas ent-scheiden,
scheiden wir andere Möglichkeiten aus.

Eindrücklich hat das eine Frau auf dem Pilgerweg nach
Assisi erlebt, einer Wanderung, die ich jährlich für junge
Erwachsene anbiete. Nach vier Tagen durch die umbri-
schen Berge legten wir in einem malerisch gelegenen
Franziskanerkloster einen Ruhetag ein. Jeder verbrachte
die Zeit in Stille für sich. Manche schliefen, andere schrie-
ben Tagebuch oder wanderten. Als die Gruppe abends
wieder zusammenkam, erzählte eine Teilnehmerin: »Ich
bin den Berg hochgegangen, an dessen Hang unser Kloster liegt. Nach etwa einer Stunde gelangte ich auf eine
Wiese mit einem traumhaften Blick in die Ferne. Ich setzte mich hin. Doch schon bald trieb es mich weiter, denn:
Vielleicht gibt es weiter oben einen noch schöneren Platz.«
Sie stieg den Berg weiter hinauf, gelangte an einen neuen
Aussichtspunkt, verharrte einen Augenblick, brach er-

neut auf. Und so fort ... Inzwischen war es spät geworden, und so trabte sie eilig den Berg wieder hinunter. Aus Angst davor, etwas vielleicht Besseres zu verpassen, war die junge Frau von einem schönen Platz zum anderen geeilt. Und hatte keinen einzigen Augen-Blick genossen!

In dieser kleinen Episode spiegelt sich ein weitverbreitetes Verhalten wider. Haben sich doch viele angewöhnt, immer nach den interessantesten Möglichkeiten Ausschau zu halten – aus Sorge davor, etwas zu versäumen oder zu kurz zu kommen. Unsere beschleunigte Gesellschaft mit ihren überbordenden Angeboten verstärkt eine solche Versäumnisangst. Argwöhnisch befürchtet man: »Ich bin auf der falschen Party. Das Leben geht woanders ab.« Und das will natürlich keiner! So jagt man ruhelos von einem Event zum nächsten – und geht am Ende leer aus.

Leben gelingt nämlich nicht, wenn ich möglichst viele Ereignisse auf meiner Erlebnisdatei abspeichere. Leben gelingt nur, wenn ich im jeweiligen Augenblick ganz *präsent* bin. Lasse ich mich auf das ein, was mir begegnet, dann gewinne ich etwas Kostbares: vielleicht das Leuchten im Gesicht eines Menschen oder den Geruch von frisch gemähtem Gras. Anders gesagt: Leben gelingt, wenn wir in eine Resonanzbeziehung eintreten und uns wirklich von etwas in der Tiefe unseres Seins berühren lassen. Dazu braucht es Zeit. Und wir müssen unsere Aufmerksamkeit fokussieren – nach dem Motto: »*Ja, ich werde anderes verpassen, aber das ist es mir hier und jetzt wert!*«

Der Preis ist heiß

Sich entscheiden bedeutet, zu diesem Ja und zu jenem Nein zu sagen. Wer ein selbstbestimmtes Leben führen will, braucht also den Mut, sich selbst zu beschränken. Je nachdem, worum es geht, kann ein solcher Verzicht manchmal auch bitter schmecken.

Es schmerzt (nicht nur) junge Menschen, sich angesichts ihrer vielfältigen Interessen für *eine* Ausbildung oder *einen* Beruf entscheiden zu müssen. Und je mehr reale Möglichkeiten gegeben sind, umso schwerer fällt es auszuwählen. Alles möchte zum Zug kommen: die künstlerische Ader, der Wunsch, anderen zu helfen, die Neigung zur Musik und das Interesse am Unbekannten, der Forscherdrang. Nicht zu vergessen die Vielzahl von Hobbys ... Ein anderes Beispiel sind werdende Eltern: In ihre helle Freude mischen sich oft auch dunkle Töne – etwa die Unruhe, wie sie das alles überhaupt bewältigen werden. Und der Schmerz, in Zukunft derart gebunden zu sein, dass sie vieles nicht mehr tun können, was ihnen bislang lieb und teuer war.

Jede Entscheidung hat ihren Preis. Den zu zahlen kann unangenehme Gefühle wecken, angefangen von Unbehagen bis hin zur Panik. Und dies umso mehr in einer Gesellschaft, deren Lebensgefühl dem Oberflächenprogramm von Windows ähnelt: Wir arbeiten mit zahlreichen offenen Fenstern. Mit einer lässigen Bewegung switchen wir von einem digitalen Raum in den nächsten und halten uns gleichzeitig in mehreren Ebenen auf. Doch in der realen Wirklichkeit funktioniert das nicht. Wir können uns nicht in mehreren Räumen gleichzeitig bewegen. Ebenso wenig lassen sich diese endlos lang offen halten. »Auch wer durch keine Türe geht und keinen Schritt nach vorne tut, dem fallen Jahr für Jahr die Türen, eine nach der anderen, zu«, formuliert es Paul Roth. Die Zeit lässt sich nicht anhalten, und auch die biologische Uhr läuft unaufhaltsam weiter.

Wie lässt sich der Angst, etwas zu versäumen, mutiger die Stirn bieten? Was kann die Entscheidungskraft stärken?

Zum einen hilft die Einsicht: Wer auf allen Hochzeiten tanzen will, ist bei keiner richtig dabei. Wer wie die Pilgerin ständig einem vielleicht noch besseren Platz hinterherjagt, rennt an allen schönen Ausblicken vorbei. Und dann geht das wahre Leben in der Tat woanders ab!

Zum anderen hilft ein nüchterner Blick sowohl auf den Gewinn als auch auf den Preis, den man selbst und den andere für eine Entscheidung zahlen müssen. Denn wer sich nicht mit den Kosten auseinandersetzt, die das Ziel fordert, kommt schnell ins Straucheln. Nach dem Motto: Keiner hat mir gesagt, dass man bei dieser Wanderung zu Fuß unterwegs ist ... Auf jeder Entscheidung klebt ein Preisschild, und es gilt, gut abzuwägen: »Ist es mir das wert? Bin ich bereit und fähig, diesen Preis zu zahlen?« Einige Beispiele:

- Sie sind mit Ihrer Arbeitsstelle schon länger unzufrieden und wollen im Unternehmen kündigen. Vielleicht, weil das Miteinander mit den Kolleginnen und Kollegen nicht mehr so richtig funktioniert und Sie die Arbeit zunehmend anödet. Der Preis dafür: Sie lassen nicht nur die frustrierende Situation hinter sich, sondern auch eine sichere Stelle, einen kurzen Anfahrtsweg zur Firma und das gemeinsame Mittagessen mit Ihrem Lieblingskollegen.
- Aus dem Sportverein auszutreten beabsichtigen Sie schon länger. Vielleicht hängt Ihnen die Art des Mannschaftstrainings zum Hals raus, oder Sie suchen schlicht Abwechslung. Der Preis dafür: Sie schütteln nicht nur Verpflichtungen ab, sondern Sie enttäuschen andere, verlieren die Gemeinschaft mit netten Menschen, ver-

zichten auch auf gesellige Abende im Klubhaus. Ob Sie so eine Gemeinschaft noch einmal an anderer Stelle finden?

- In der Partnerbeziehung knirscht es schon seit Langem ordentlich im Gebälk. Sie können aus der gemeinsamen Wohnung ausziehen. Das ermöglicht Ihnen eine neue Freiheit, und Sie können in Ihren vier Wänden ungestört das tun und lassen, was Sie wollen. Der Preis: Es wird jede Menge Stress mit Ihrem Partner auf Sie zukommen. Der gemeinsame Freundeskreis wird leiden, wenn nicht sogar auseinanderbrechen. Sie sind wieder Single, und ob eine neue Beziehung am Ende irgendwann ähnlich zäh wird, bleibt offen.

Es mag sich merkwürdig anhören, doch manche weitreichenden Entscheidungen brauchen echte *Trauerarbeit!* Denn mit dem Einschlagen *eines* Weges lassen wir andere Pfade unbegangen zurück.

In meinem persönlichen Lebensentwurf als Ordensfrau macht sich immer mal wieder der Schmerz bemerkbar, keinen Ehemann und keine Kinder zu haben. Natürlich, ich habe mich bewusst *für* ein Leben in einer Ordensgemeinschaft entschieden – und dies erfüllt mich. Zugleich gibt es Zeiten, in denen mir der Verzicht auf Partnerschaft und Familie zu schaffen macht. Wenn ich diesen Schmerz akzeptiere, lasse ich zu, was ist. Und allein dies kann zu einem größeren Frieden führen.

Schließlich, und dies ist eigentlich »die erste aller Fragen: Wie heißt das Ziel, an dem ich messe Ja und Nein? Und: Wofür will ich leben?« Allein wenn uns das Ziel so viel bedeutet, dass es uns den Verzicht wert ist, werden wir den Verlust auch gut verschmerzen. Anders gesagt: Es braucht ein Ja zu etwas Größerem, das uns erfüllt. Denn nur ein solches Ja kann das Nein lebenswert machen, welches mit einer Entscheidung einhergeht. Daher gehört es zum Wichtigsten im Leben, zu wissen, was einem wirklich wichtig ist.

Und was ist, wenn ...?

Noch einmal Paul Roth: »Wer selber leben will, der muss entscheiden: ja oder nein ... Man darf nicht mogeln und so tun, als könne man beweisen, was hinter jener Tür geschehen wird. Ein jedes Ja – auch überdacht, geprüft – ist zugleich Wagnis.«

Ich persönlich habe eine Vorliebe für Menschen, die etwas wagen, indem sie sich riskieren – um Schönes, Gutes, Wahres auf die Welt zu bringen. In ihnen wird etwas sichtbar von der Größe, zu der wir Menschen berufen sind! Ihre Entschlossenheit schließt manche Türen auf. Und wenn es mir in kleineren oder größeren Entscheidungen gelingt, einen ähnlichen Mut aufzubringen, spüre ich eine tiefe Zufriedenheit.

Die andere Seite der Medaille: Egal, ob wir eine Beziehung beenden, in eine fremde Stadt ziehen, uns frühpensionieren lassen, für eine Sache leidenschaftlich kämpfen – in all diesen Situationen gehen wir das Risiko ein, dass wir möglicherweise *falschliegen*. Oder dass wir *scheitern*. Denn ob sich die Entscheidung bewährt oder als Missgriff entpuppt, lässt sich nicht sicher prognostizieren. Und ob unser Engagement zum Erfolg führt oder wir eine grandiose Bauchlandung hinlegen, haben wir nicht hundertprozentig im Griff.

Hinzu kommt: Wir entscheiden uns in eine *offene Zukunft* hinein. Denn »was hinter jener Tür geschehen wird«, wissen wir nicht. Was das Leben uns an Bällen zuspielt und an Klötzen vor die Füße werfen wird, entzieht sich unserer Kenntnis und Kontrolle. Und daher müssen wir möglicherweise eines Tages schmerzhaft feststellen, dass wir das Falsche vorgezogen und das Richtige zurückgestellt haben. Jede bedeutsame Entscheidung bleibt ein Wagnis.

Wer nicht rudert, treibt zurück

Gesellschaftliche Hintergründe vergrößern heutzutage die Schwierigkeit und das Wagnis, sich zu entscheiden.

Die Wahl wird zur Qual, wenn die riesige Palette an Angeboten einen überfordert. Das beginnt bei ganz banalen Alltagsdingen, etwa beim Kauf von Schuhen. Da stehe ich vor zahlreichen Marken und Modellen und soll noch wissen, was zu mir passt ... Doch noch stärker fordert uns die Fülle an Werten und Lebensstilen heraus! Welche Richtung und Gestalt wir unserem Leben geben, wird nicht mehr durch Herkunft, Religion oder Geschlecht vorgegeben. Wo wir leben, welchen Beruf wir ergreifen, ob wir Single sind, in einer Patchworkfamilie oder einer klassischen Ehe leben, ob wir uns einer Religion zugehörig fühlen, uns einen spirituellen Cocktail mixen oder uns die Frage nach Gott so wenig interessiert wie junge Erwachsene die Werbung für einen Treppenlift – all das wird (auch) zu einer Sache der eigenen Entscheidung. Noch nie in der Geschichte war so vieles möglich. Darin liegen große Chancen! Zugleich droht die Fülle an Optionen und Angeboten uns aber auch zu überfordern. Es gibt kaum noch Schablonen für die Lebensführung, an denen man sich orientieren kann, und daher lastet immer mehr Verantwortung auf den Schultern der einzelnen Person. Das Leben insgesamt wird zu einer Leistung des Ich, das wählen und entscheiden muss. Und damit wächst die Angst, sich falsch zu entscheiden.

Ein weiteres Phänomen: Wenn wir eine Entscheidung

treffen, entwerfen wir uns in eine offene Zukunft hinein. Ein Blick in die Geschichte zeigt, dass sich unsere heutige Welt in einer bislang nie da gewesenen Geschwindigkeit verändert. Während es vom Jahr 1800 an noch etwa hundert Jahre dauerte, um das Menschheitswissen zu verdoppeln, braucht es dafür heute nur noch drei Jahre. Nichts scheint mehr stabil und überschaubar zu sein. Was vor fünf Jahren als gute Altersvorsorge angepriesen wurde, ist längst veraltet. Und Ideale, die heute noch in aller Munde sind, werden morgen müde belächelt. Angesichts einer solch unabsehbaren Zukunft wundert es nicht, dass viele lieber auf Sicht fahren, anstatt weitreichende Entscheidungen zu fällen. Die Fähigkeit zur Verbindlichkeit nimmt ab.

Ein dritter Aspekt betrifft eine weitere Veränderung in unserer Gesellschaft: Seit dem Wiederaufbau nach dem Zweiten Weltkrieg galt ein gesellschaftliches *Aufstiegsversprechen*. Dieses stellte jeder Person in Aussicht: »Wenn du dich anstrengst, kannst du einen dir gemäßen Platz in der Gesellschaft finden.« Das Versprechen, sozial aufsteigen und den eigenen Wohlstand vermehren zu können, motivierte und setzte ungeheure Kräfte frei. Das hat sich geändert. Heute treibt eine *Abstiegsdrohung* die Einzelnen an, ständig das Beste aus sich herauszuholen. Die Warnung lautet: »Up or out! Optimiere dich, oder du bist raus!« Dieses kapitalistische Leistungsprinzip hat alle Lebensbereiche kolonialisiert. Ständig gilt es, an sich zu arbeiten: an der Konfliktfähigkeit, am Auftreten, an der eigenen Kompetenz … Denn nur, wer sich ständig optimiert, wird mithalten können auf dem Arbeits-, Kommunikations- und Beziehungsmarkt. Der schrittweise Aufstieg ist um vieles schwerer geworden. Dafür wird man umso schneller wieder abgehängt. Und dann kann es ganz schnell gehen, dass man ohne Halt gebendes Netz im sozialen Nirwana verschwindet.

Der Soziologe Heinz Bude beschreibt unsere Gesellschaft als eine »Gesellschaft der Angst«: Wie ein ständiges Hintergrundrauschen herrscht heutzutage eine »Grundangst, beim permanenten Auslesewettbewerb nicht mithalten zu können«. Die Gefahr, auf der Strecke zu bleiben, schwebt ständig wie ein Damoklesschwert über einem. Und jede Entscheidung gewinnt ein übergroßes Gewicht. Denn man kann so viel falsch machen! Das fängt bereits bei der Wahl des Kindergartens an. Und dann geht es so weiter: Man kann die verkehrte Grundschule, eine schlechte weiterführende Schule, die falsche Ausbildung, verkehrte Praktika, Auslandsaufenthalte, Netzwerke und auch den falschen Partner wählen. An jedem dieser Punkte findet ein Auslesewettbewerb statt. Manche kommen weiter. Viele bleiben auf der Strecke. Und so entsteht der Eindruck: »In jeder weiter reichenden Wahl steht gleich mein ganzes Leben auf dem Spiel.« Ein solches Empfinden manövriert in große Entscheidungsblockaden hinein.

2. Leben ist immer live

»On air« leuchtet es rot auf. Wir sind auf Sendung. Live! Eine Stunde lang! Mein Puls steigt. Nun gilt es, ganz präsent zu sein. Satz für Satz gut zuzuhören. Die Dinge auf den Punkt zu bringen. Nach und nach verblasst alles andere um mich herum. Nur das eine ist jetzt wichtig: unser Gespräch!

Selten hat mich ein Radiointerview so vitalisiert und zufriedengestellt wie dieses. Die Journalistin erzählt mir, dass Livesendungen oft besser gelingen als Aufzeichnungen. Und sagt beiläufig: »Genau betrachtet, ist unser ganzes Leben immer live. «

Wow, dieser Satz sitzt! Natürlich: Im Leben blinkt keine rote Leuchte, die mich daran erinnert, dass es auf das *Jetzt* ankommt (eigentlich schade). Und doch, jeder Augenblick ist einmalig. Das Leben ist keine Aufzeichnung, die im Nachhinein noch zusammengeschnitten werden kann – und deswegen wecken Entscheidungen Ängste! Das Leben ist immer eine Livesendung – und deswegen sind Entscheidungen so wichtig!

Aufschieberitis

Für die erwähnte Pilgerin wurde die Bergwanderung zu einer lehrreichen Erfahrung: Vor lauter Sorge davor, nicht den optimalsten Platz zu wählen, hatte sie sich lieber für gar keinen entschieden. Sie sah also die Entscheidung als das Problem an. Doch das war falsch! Denn in einer Entscheidung hätte die Lösung gelegen! Dann wäre sie nämlich an *einem* Ort geblieben und hätte die malerische Berglandschaft genießen können – anstatt dem Gefühl zu folgen, »da geht noch mehr«. Sie hätte etwas Konkretes gewählt, anstatt allem Möglichen hinterherzujagen. Bis ihr letzten Endes keine andere Wahl mehr übrig blieb, als den Berg runterzueilen.

Ein kleines Beispiel für die unerbittliche Wahrheit: »Wer durch keine Türe geht und keinen Schritt nach vorne tut, dem fallen Jahr für Jahr die Türen, eine nach der anderen, zu.« Bewerbungsfristen laufen ab; ein geliebter Mensch wartet nicht unbegrenzt auf das erhoffte Ja zur Partnerschaft, und auch die Entscheidung, den Beruf zu wechseln, lässt sich nicht beliebig lange aufschieben.

Natürlich können wir uns durch eine Wahl selbst ein Bein stellen. Ja, möglicherweise verfehlen wir sogar ein wichtiges Ziel. Doch die noch größere Verfehlung liegt darin, wenn wir aus Angst vor diesem Wagnis gleich gar nicht entscheiden. *Der schlechteste Weg, den man wählen kann, ist der, keinen zu wählen!* Unglück entsteht oft weniger aus Fehlentscheidungen als aus fehlenden Entscheidungen.

Wenn *wir* nicht entscheiden, dann entscheiden nämlich andere oder anderes über uns: der Lauf der Zeit, Umstände, Menschen mit ihren gut gemeinten Ratschlägen, der sogenannte Mainstream oder der Druck der Konsummaschinerie. Oder es sind die eigenen Launen und Bedürfnisse, die einen vor sich hertreiben. Ganz gleich, wer oder was gerade den Ton angibt: Wer nicht den Mut aufbringt, sich zu entscheiden, dessen Leben gleicht einem Schiff, das ohne Kapitän orientierungslos mal in diese und mal in jene Richtung driftet. Wer das Steuerruder nicht in die Hand nimmt und den Kurs bestimmt, der verfehlt garantiert die Richtung hin zu einem selbstbestimmten, beziehungsreichen Leben. Und es wächst die Gefahr, an Orten zu stranden, an die man niemals gelangen wollte.

Das menschliche Sicherheitsbedürfnis spielt eine entscheidende Rolle, wenn jemand eine Entscheidung aufschiebt, um keine Verantwortung übernehmen und nichts Neues ausprobieren zu müssen. Oft sitzen mir Leute gegenüber, die lieber alles beim Alten belassen als dass sie Neues wagen – selbst dann, wenn sie dabei kreuzunglücklich sind. Etwa jene Frau, die schon lange unter den Seitensprüngen ihres Mannes leidet, aber nicht wagt, Klartext zu reden und Konsequenzen zu ziehen. Denn wer weiß, was dann passiert …

Vielleicht kennen auch Sie so etwas: Ihr Alltag fühlt sich öde an, oder Ihr Job raubt Ihnen den letzten Nerv – doch Sie kommen nicht »zu Potte«, etwas zu verändern. Denn das gewohnte Leben zu gefährden schürt Angst. Und innere Alarmglocken schallen schrill angesichts des Preises, den Sie für Ihre Entscheidung zahlen müssten. So harren Sie lieber im gewohnten Unglück aus, als dass Sie aufbrechen und Neuland betreten. Das macht zwar nicht glücklich, gibt aber Sicherheit, denn Sie wissen, woran Sie sind. Und Sicherheit wird vom Gehirn mit Dopamin, einem Glückshormon, belohnt.

Doch das Gefühl der Sicherheit trügt! Denn sowohl das Handeln als auch das Nicht-Handeln bergen Risiken in sich. Auch wenn Sie alles beim Alten belassen, geht das Leben weiter – aber gewissermaßen ohne Sie: Sie lassen es an sich vorüberziehen.

Im Warteraum

Mit jeder Tür, die wir öffnen, schließen wir andere Türen. In der Furcht, sich (falsch) zu entscheiden, greift daher – oft unbewusst – eine fundamentale Angst nach uns: die Angst vor unserer eigenen Vergänglichkeit.

Unsere Zeit ist begrenzt! Wir können Dinge weder ewig lang aufschieben noch beliebig oft wiederholen. Und für vieles gibt es nicht einmal eine zweite Gelegenheit. Ebenso wenig vermögen wir, alles unter einen Hut zu bekommen, was uns an Wünschen und Projekten durch den Kopf geistert. Zur Wahrheit unserer Existenz gehören unsere Begrenztheit und Verwundbarkeit. Ihr tiefster Stachel: unsere Sterblichkeit.

In Entscheidungssituationen klopft unterschwellig der ultimative Abschied an die Tür: der Tod. Um diesen Schmerz zu vermeiden, bietet sich als eine (Schein-)Lösung an: »Ich lege mich nicht fest. Halte mir möglichst lang alle Optionen offen.« Das ständige Hinauszögern lebt von der unbewussten Annahme, unendlich viel Zeit zu haben. Aber das ist nicht nur eine trügerische, sondern auch eine fatale Illusion! Denn sie verführt dazu, mein Leben wie in einem Wartezimmer zu verbringen – doch niemand ruft mich auf. Ich starre auf die Anzeigetafel – doch das entscheidende Signal blinkt nicht auf. Ich schiebe das Leben auf, anstatt es zu leben.

Es überrascht mich, wie viele Menschen ihr Leben führen, als hätten sie danach noch eins und noch eins. Als ob sie alles, was schiefläuft oder was sie versäumen, beim nächsten Versuch besser machen könnten. Doch Leben lässt sich nicht aufschieben. Entweder wir ergreifen es hier und jetzt – oder lassen es an uns vorübergleiten. Entweder wir verschlafen es – oder sind wach dabei. Aufwecken kann uns eine tiefe, unter die Haut gehende Einsicht in unsere Begrenztheit: in die Endlichkeit unserer Kraft und Lebenszeit. In die Beschränktheit unserer Mitmenschen, der natürlichen Ressourcen und der Machbarkeit von Dingen.

Ich will es noch einmal sagen, weil es der Schlüssel für viele Entscheidungen ist: Die schmerzhafteste Form unserer Verwundbarkeit ist unsere Sterblichkeit. Kommt einem diese Abgründigkeit des Lebens wirklich nahe – etwa infolge eines schmerzlichen Abschieds oder eines runden Geburtstags, einer Scheidung oder auch infolge einer weitreichenden Entscheidung –, dann kann ein namenloses Grauen in einem aufsteigen. Die Angst vor dem Tod lässt sich nicht schönreden!

Und doch muss der Tod nicht der Todfeind des Lebens sein! Im Gegenteil, wer wirklich spürt: »Ich habe nur dieses Leben«, der entdeckt dessen Kostbarkeit oft mit einer neuen Klarheit. Die Einmaligkeit unserer Beziehungen und die Bedeutsamkeit unseres Tuns treten heller zutage. Und dies kann dazu animieren, intensiver zu leben und umsichtiger zu entscheiden.

In Entscheidungssituationen melden sich oft verschiedene innere Stimmen zu Wort, die uns in die eine oder andere Richtung drängen oder zerren wollen. Welchem Zwischenruf Glauben schenken, und wie welche Stimme richtig gewichten? In einer solchen Lage kann folgende Anregung aus der christlichen Spiritualität hilfreich sein:

Ich stelle mir vor, ich befinde mich (in einigen Monaten, Jahren oder Jahrzehnten) am Ende meines Lebens. Von diesem Punkt aus schaue ich zurück auf die jetzige Situation:

- Was würde ich dem Menschen, der ich heute bin, zurufen?
- Was wünsche ich mir: An welchen Maßstäben will ich mich in meiner jetzigen Entscheidung orientiert haben? – Es wird also nicht gefragt, welche Entscheidung ich im Rückblick getroffen haben will, sondern die Frage wird »tiefer gelegt«: Welche Haltungen und Grundüberzeugungen sollen in der konkreten Situation mein Leitfaden gewesen sein?
- Um dann zu erkunden: Was bedeutet das für meine anstehende Entscheidung?

In meinem eigenen inneren Dialog kämen unter anderem meine »Herzenssätze« zur Sprache: »Wähle jene Alternative, Melanie, in der du Vertrauen und Hoffnung den Vorzug gibst.«

»Wähle das, worin du mehr ein liebender Mensch sein kannst. Denn am Abend des Lebens werden wir allein nach der Liebe gefragt.«

»Wähle das, was mehr der Haltung Jesu entspricht.«

Und welche Sätze kämen Ihnen in den Sinn?

Vom Ende her auf das Jetzt zu schauen weitet den Blick. Das Wissen um unsere Sterblichkeit kann in einer Entscheidungssituation im doppelten Wortsinn *Halt* geben: Der Tod konfrontiert uns mit seinem unwiderruflichen und unausweichlichen »Halt!«. An diesem Punkt angelangt, werden wir nichts mehr ändern können, was geschehen ist. Um dieses endgültige und harte »Halt!« zu wissen, hält uns *jetzt* dazu an, zu fragen, was uns wirklich wichtig ist. Wenn wir das Leben vom Ende her betrachten, vermag uns dies daher auch einen inneren Halt zu geben: Es verleiht Rückgrat, entschieden *Nein* zu sagen und Grenzen zu ziehen. Oder etwas klar zu *bejahen* und zu ergreifen, was wir leben wollen.

Ein Mehrfaches wird hier deutlich: Das Wissen um unsere Endlichkeit fordert uns auf, beherzt zu entscheiden. Wenn uns die Verwundbarkeit alles Lebendigen existenziell berührt, dann stärkt dies unseren Willen zu Mitgefühl und Solidarität. Und die Fähigkeit, richtig zu entscheiden, vertieft sich.

Sich **richtig** ängstigen

In den vorangehenden Kapiteln standen Ängste im Mittelpunkt, die einem das Entscheiden schwer oder gar unmöglich machen. Etwa die Angst, sich falsch zu entscheiden. Das Optimum zu verpassen. Unbegangene Wege endgültig hinter sich zu lassen. Sich auf Ungewisses einzulassen. Eine Bruchlandung zu machen ... – All diese Ängste sind nicht aus der Luft gegriffen, sondern haben ein Fundament in der Wirklichkeit!

Wenn Ihnen diese Ängste vertraut sein sollten, können Sie sich freuen! Denn dadurch werden Sie vor leichtsinnigen Entscheidungen gewarnt. Wir verdanken es (auch) unseren Ängsten, dass wir am Leben sind – denn die Angst ist es, die davor bewahrt, sich zu weit aus dem

Fenster zu lehnen. Eine viel befahrene Straße zu überqueren, ohne nach links und rechts zu schauen. Leichtsinnig den Job oder eine Beziehung zu gefährden.

Das Problem mit der Angst beginnt, wenn sie zu vorlaut wird. Wenn sie sich immer wieder mit Einwänden meldet – und zwar nicht, weil das, was man vorhat, leichtsinnig oder gar lebensgefährlich wäre. Sondern weil sie vor den Kosten einer Entscheidung schützen will: vor schmerzhaften Abschieden; vor Ungewissheit und Unsicherheit; vor dem Risiko, große Nachteile in Kauf nehmen zu müssen; vor der Gefahr zu scheitern. Sprich: *Die Angst wird zu vorlaut, wenn sie uns um jeden Preis vor unserer Verwundbarkeit schützen will.* Eine solche Angst hindert am Leben! Und sie hält davon ab, (gute) Entscheidungen zu treffen.

Hier liegt ein zweiter Grund, warum es gut ist, wenn die oben genannten Befürchtungen in Entscheidungssituationen in einem aufsteigen. Denn indem uns solche Ängste und Blockaden bewusst werden, gehen wir den ersten, entscheidenden Schritt: Sobald wir unsere Befürchtungen deutlich wahrnehmen, gewinnen wir einen inneren Abstand. Dieser Spielraum ermöglicht es, unsere Angst zu hören, aber nicht unbedacht *auf* sie zu hören. In der Folge brauchen wir uns von unserer Angst nicht mehr alles einreden zu lassen. Vielmehr können wir prüfen, wie realistisch die Befürchtungen sind. Und vor allem, welches Gewicht wir ihnen geben wollen. In dem Maß, in dem uns unsere Angst bewusst wird, wackeln wir an deren Thron. Normalerweise führt sie sich dann nicht mehr als letzte Beurteilungsinstanz auf. Und das heißt: Sie verliert ihre absolute Macht.

Das ähnelt dem Märchen von Rumpelstilzchen: Die Macht des Männleins über die Königin lebt davon, dass diese seinen Namen nicht kennt. Es freut sich diebisch: »Ach, wie gut, dass niemand weiß, dass ich Rumpelstilzchen heiß!« Als der Königin der Name zu Ohren kommt und sie Rumpelstilzchen mit seinem Namen anspricht, verliert das Männlein seine zerstörerische Macht.

Welchen Namen geben Sie Ihrer größten Angst?

3. Kriterien für eine gute Entscheidung

Weißbrot oder Vollkornmüsli, zusammenziehen oder nicht, Familie gründen oder die Welt bereisen? Solange wir leben, können und müssen wir im Kleinen und Großen wählen. In dieser Freiheit liegen Lust und Last. Aus welchen Bausteinen setzt sich eine gute und tragfähige Entscheidung zusammen?

Im Folgenden entfalte ich drei Elemente. Erstens: Das Fundament einer guten Entscheidung liegt darin, dass man seinen Gaben und Grenzen sowie seiner Biografie Rechnung trägt. Zweitens gilt es, dass man seiner Sehnsucht Raum gibt und sich Werte und Ziele vor Augen führt, die Orientierung geben. Ein dritter Baustein liegt darin, ganz Ohr zu sein für das, was einem begegnet. Denn die Wirklichkeit ist anspruchs-voll.

Diese drei Elemente sind nicht nur für Entscheidungen relevant, sondern für ein gelungenes Leben insgesamt. Manche Aspekte werden daher aus anderen Abschnitten dieses Buches bekannt sein. Und das liegt nahe, denn: *In der Kunst, Entscheidungen zu treffen und umzusetzen, bündelt sich wie in einem Brennglas die Kunst, mutig zu leben.*

Martin Luther soll auf dem Reichstag in Worms gesagt haben: »Hier stehe ich. Ich kann nicht anders. Gott helfe mir!« Ganz anders Johannes XXIII., der bei seiner ersten Ansprache als Papst vor dem Kardinalskollegium geäußert haben soll: »Hier stehe ich. Ich kann noch ganz anders. Gott helfe euch!« Zwei markige Ansagen, die Mut machen, den eigenen Standpunkt zu vertreten. Keine einfache Sache.

»Ich würde ja sooooo gerne …! Aber: Kann ich mir das zutrauen?!? Mich als Abteilungsleiterin bewerben? Einen Kajak-Wildwasserkurs machen? Meinen Nachbarn, der mich Woche für Woche schikaniert, in seine Schranken weisen? Für ein Praktikum ins Ausland gehen? Habe ich das Zeug dazu?« – Solche Fragen begegnen mir allenthalben: Wenn ich Unterhaltungen in der U-Bahn oder vor der Kinokasse mitbekomme, bei Beratungsgesprächen, in meinem eigenen Leben.

Stehen wir vor einer Wahl, dann drängt sich die Frage nach den eigenen Gaben und Grenzen auf. Und dies aus gutem Grund, bilden sie doch das Fundament, auf dem eine tragfähige Entscheidung beruht.

Jeder Mensch ist ein Bündel an Lebensenergie – und diese Energie will fließen. Jedem sind bestimmte Potenziale und Kräfte mitgegeben – und diese wollen entfaltet und realisiert werden. Denn Fähigkeiten schreien geradezu danach, gut eingesetzt zu werden, anstatt zu verkümmern. Typisch: Das Leben fühlt sich »im Fluss« an, wenn man seine Stärken und Talente einbringen kann. Und es ist wie Wasser auf unsere Mühlen, wenn die eigenen Fähigkeiten gefragt sind und man sie für etwas Sinnvolles einsetzen kann. Umgekehrt: Wenn sie nicht sprudeln können oder gar versanden, stellen sich Frust und Leere ein. Ja, dauerhafte Unterforderung übt bisweilen einen ähnlichen Stress aus wie ständige Überforderung.

Das bedeutet: Wenn wir eine gute Wahl treffen wollen, tun wir gut daran, unsere *Gaben* und *Fähigkeiten* zu kennen. Berücksichtigen wir, was wir an Potenzialen in uns tragen, dann werden wir mehr in Übereinstimmung mit uns selbst leben. Wir verwirklichen Möglichkeiten, die in uns gelegt sind. Und das weckt Lebendigkeit und Freude. Eng damit verbunden: Wir geben das, was nur *wir* zu geben vermögen. Wir verändern und bereichern unser konkretes Umfeld. Und das tut gut. Wir tun gut!

Eine gute Entscheidung lebt ebenso davon, die eigenen *Grenzen* und *Schwächen* adäquat einzuschätzen. Und dann auch noch zu berücksichtigen – anstatt etwa »auf Teufel komm raus« ein Ziel zu verfolgen. Denn ansonsten besteht die Gefahr, dass man sich fahrlässig in eine Situation der Überforderung oder des Scheiterns hineinmanövriert.

Ich will aber!

Eigene Grenzen wahrzunehmen und zu wahren fällt vielen ziemlich schwer – insbesondere in einer auf Optimierung getrimmten Gesellschaft, die einem keine Schwäche verzeiht. Doch oft tragen auch wir selbst die Verantwortung dafür, dass wir uns überfordern oder überfordern lassen. Eine gängige Falle: Wir treffen eine Fehlentscheidung, weil wir uns nicht genügend gut kennen. Das kann dazu führen, dass wir unsere Fähigkeiten und Kompetenzen falsch einschätzen. Einige Beispiele:

Ein junger Mann will unbedingt als Krankenpfleger arbeiten, obwohl seine Rückenprobleme dagegensprechen. Bereits im zweiten Ausbildungsjahr muss er seinen Beruf aufgeben. Er hatte die Grenzen seiner gesundheitlichen Belastbarkeit weder adäquat eingeschätzt noch berücksichtigt.

Eine Verkäuferin nimmt den Posten als Filialleiterin an. Statt Kunden zu beraten, füllen nun Verwaltungsaufgaben ihren Tag aus. Nach einigen Monaten fühlt sie sich wie eine welke Primel. Wie ist es zu dieser Situation gekommen? Zum einen war ihr nicht bewusst gewesen, wie wichtig ihr der Kontakt mit den Menschen ist. Zum anderen stolperte sie über etwas, was sie in der Freude über ihre Beförderung unter den Teppich gekehrt hatte: dass sie sich zur PC-Arbeit schon immer hatte zwingen müssen.

Ein Lehrer bereitet seine Stunden minutiös vor und schlägt sich dabei regelmäßig die Nächte um die Ohren. Irgendwann liegen seine Nerven blank, und es kriselt an allen Ecken und Enden: Schulstunden, die im Chaos enden, weil er einfach zu müde ist, um dem Lärm Einhalt zu gebieten. Konflikte mit Eltern und zu Hause ein handfester Ehekrach. Sein Perfektionismus – ein verdeckter Versuch, sich unangreifbar zu machen – hat ihn zu diesem selbstausbeuterischen Verhalten verführt. Dieses trifft ihn und sein Umfeld wie ein Bumerang.

Es wird deutlich: Je besser wir unsere Schwächen und Grenzen kennen, umso eher werden wir eine stimmige Entscheidung treffen. Doch mit den Grenzen ist das so eine Sache! Das weiß ich nicht zuletzt auch aus eigener Erfahrung: Ich bin ein Mensch, der viel vom Leben will. Über lange Zeit hinweg waren Grenzen aus meiner Sicht primär dazu da, dass ich sie überwinde. Oder zumindest ausweite. Und dies habe ich hartnäckig und durchaus auch erfolgreich verfolgt. Aber ebenso habe ich mir manches Mal den Schädel eingerannt, wenn ich mit dem Kopf durch die Wand wollte. Vor einigen Jahren bin ich über den vielsagenden Begriff »*Umfriedung*« gestolpert – ein altes Wort für »Grenzzaun«. Und mir ging auf: Meine Grenzen – etwa die meiner körperlichen Belastbarkeit oder meiner

Begabungen – können einen Lebensraum markieren, innerhalb dessen ich in Frieden leben kann. Eine ständige Grenzüberschreitung hingegen kommt einer Kriegserklärung an mich selbst/mir selbst gegenüber gleich.

Möglicherweise klingen diese sprachlichen Überlegungen für manche banal, doch für mich sind sie zu einer wegweisenden Einsicht geworden. Und es bewahrheitet sich: Für eine tragfähige Entscheidung und für ein Leben aus vollem Herzen kann es sehr wohltuend sein, sich an der Mauer der eigenen Begrenzungen nicht ständig den Kopf blutig zu rennen! Natürlich fällt es ganz schön *schwer*, mit den eigenen Grenzen Frieden zu schließen und sie in den kleinen und großen Entscheidungen zu respektieren. Aber es ist auch *schön* schwer. Denn dadurch erhält das Leben wie ein kostbar gerahmtes Gemälde seine besondere Schönheit.

Der Elefant an der Kette

»Ich kann nicht. Ich kann es einfach nicht. Nichts täte ich lieber, als meinen Sohn und seine Familie zu besuchen. Aber ich kann nicht allein nach Kanada fliegen!« Mit trauriger Stimme klagt die Frau ihr Leid. Wie kann ich der rüstigen Dame aus ihrer emotionalen Zwickmühle helfen?

Mir kommt eine Geschichte des argentinischen Autors und Psychotherapeuten Jorge Bucay in den Sinn.

Ein kleiner Junge liebt den Zirkus. Insbesondere fasziniert ihn der Elefant mit seiner ungeheuren Größe und Kraft. Was ihm ein Rätsel aufgibt: Jeden Abend wird der Riese an einen kleinen Holzpflock angekettet. Nur eine Handbreit tief ist dieser in den Boden geschlagen. Warum um Himmels willen zerreißt der Elefant nicht die Kette, mit der er festgebunden ist? Warum macht er sich nicht aus dem Staub?

Da erklärt ihm ein weiser Mann, dass der Elefant, als er

klein war, an diesen Holzpflock gekettet worden ist. Er zerrte und zog daran, aber hatte nicht die Kraft, die Kette zu sprengen. Irgendwann fügte er sich in sein Schicksal. Heute reißt er nicht mehr daran, weil er glaubt, dass er es nicht kann. Allzu tief hat sich die Erinnerung in sein Gedächtnis eingebrannt, wie ohnmächtig er sich kurz nach seiner Geburt gefühlt hat. Das Fatale: Nie wieder hat er gewagt, diese Erinnerung ernsthaft zu hinterfragen. Dabei müsste der große Elefant sich nur ein einziges Mal trauen, seine Kraft auf die Probe zu stellen, und schon wäre er frei.

Diese traurige und zugleich Mut machende Parabel trifft auch auf manche Bereiche im eigenen Leben zu: den Kopf voller Pläne, im Herzen viele Träume und mittendrin ein unsichtbares Gummiband, das einen daran hindert, das zu verwirklichen, was man sich wünscht. In solchen Situationen ähneln wir dem Zirkuselefanten: Wir glauben, eine Menge von Dingen nicht zu können – denn schließlich hat es vor Jahren auch nicht geklappt. Oder es ist uns vor Jahren eingeredet worden, dass wir das nicht schaffen. Indem wir diese Botschaften blind glauben, setzen wir uns selbst gefangen. Wir richten uns ein in einer Unfreiheit, die uns Tag für Tag klein beigeben lässt. Die Unrecht aufrechterhält und Unterdrücker gewähren lässt.

Der einzige Weg, herauszufinden, ob wir etwas können oder nicht, liegt darin, es auszuprobieren, und zwar mit vollem Einsatz! Natürlich: Wenn wir kämpfen, können wir auch verlieren. Aber wenn wir nicht kämpfen, haben wir schon verloren! Oder wie Saint-Exupéry es ausdrückt: »Ich habe gekämpft, und ich habe verloren. Aber ich habe den Wind gespürt.«

Eine Lektion aus dem Schuhgeschäft

Sich zu viel zutrauen, sich zu wenig zutrauen – in diesen

zwei Straßengräben kann man schnell landen. Daher braucht es für eine gute Entscheidung ein Gespür für die eigenen Gaben *und* Grenzen. Dies lässt sich mit dem Kauf von Schuhen vergleichen. Da stehen wir vor zahlreichen Modellen. Manche scheiden sofort aus: »Hässlich!« Oder: »Der passt sicher nicht!« In andere Schuhe schlüpfen wir hinein, um auszuprobieren, wie sie sitzen. Manchmal gefällt uns ein Paar wirklich gut, und wir würden es liebend gerne nehmen, aber dummerweise ist es für unseren Geldbeutel einige Nummern zu groß. Oder man merkt bereits beim Hineinschlüpfen, wo der Schuh drückt. Notgedrungen landet das Paar wieder im Regal. Oder man macht einen Fehlgriff. Etwa wenn man Schuhe wählt, weil das Design so schick ist, und muss dann mit Blasen dafür büßen. Oder es zeigt sich beim Auf-und-ab-Gehen: Der Schuh passt wie angegossen!

Wenn Sie Ihr Gespür für Ihre Stärken und Schwächen vertiefen wollen, können Sie folgende Fragen zur Selbsterkundung nutzen. Nehmen Sie sich ruhig etwas Zeit und ein leeres Blatt zur Hand.

• Ich erinnere mich an Zeiten, in denen ich mich sehr lebendig gefühlt habe. Im Blick auf diese Situationen frage ich mich: Welche Gaben kamen in diesen Zeiten zum Tragen?

• Was waren meine größten Krisen? Was sagen diese über mich und das, was ich zum Leben brauche? Was sagen sie über die Grenzen meiner Belastbarkeit und Fähigkeiten?

• Was wünsche ich mir schon lange, traue es mir aber nicht zu? Wann und wodurch habe ich angefangen zu glauben: »Das kann ich nicht!«?

• Was würde ich unbedingt ausprobieren wollen, wenn ich keine Angst hätte zu scheitern?

• Wenn ich vor einer konkreten Entscheidung stehen

sollte: Gab es Ereignisse oder Gespräche, die etwas darüber sagen, ob ich dieses oder jenes (nicht) gut leben *kann?*

Jedes Mal, wenn wir uns erlauben, zu uns – zu unserer Größe *und* zu unseren Grenzen – zu stehen, sind wir mutig. Und eine derart bewusste und klare Entscheidung vertieft das Gespür für den eigenen Selbstwert.

Können Sie mir bitte sagen, wo ich hinwill?

Karl Valentin, der berühmte Komiker, bringt mit dieser kuriosen Frage die verbreitete Orientierungslosigkeit auf den Punkt. Worauf kommt es mir an? Wofür schlägt mein Herz? Wozu sage ich Ja im Leben? – Diese Fragen stellen sich, wenn wir nach einer richtigen Entscheidung suchen. Entwickelt eine Person eine Vorstellung von dem, was für sie wirklich von Bedeutung ist, steht ihr ein innerer Kompass zur Verfügung. Mit dessen Hilfe kann sie sich orientieren, wenn sie auf eine Weggabelung stößt und die verschiedenen Alternativen und Ziele abwägt. Sie wird leichter die zielführende Richtung einschlagen können. Daher gehört es mit zum Wichtigsten im Leben, zu wissen, was wir wirklich wollen.

Den Scheinwerfer nach innen richten

Der innere Orientierungssinn ist also gefragt – und der gerät schnell unter die Räder. Wie leicht übertönt das Alltagsrauschen die leise Stimme der Sehnsucht. Im eng getakteten Leben findet sie nur schwer Gehör. Sorgen, Enttäuschungen oder auch die Erwartungen anderer können sie fast zum Schweigen bringen. Und oft melden sich Tageswünsche vorlaut zu Wort – angefeuert durch die Werbetrommel der Konsumgesellschaft – und übertönen die tieferen Herzenswünsche. Nur wer den Mut aufbringt, sich Stille zu gönnen, und regelmäßig bei sich selbst einkehrt, wird die innere Stimme in neuer Klarheit vernehmen.

Was kann helfen, deutlicher in den Blick zu bekommen, worauf es ankommt? Drei Hinweise:

Eine *erste* Möglichkeit liegt darin, sich bewusst und regelmäßig an gute Erfahrungen zu erinnern. Denn die Sensibilität für solche Augenblicke lässt genauer erkennen, welche Wünsche, Werte und Ziele wirklich wichtig sind. Eine Chance bietet in diesem Zusammenhang, ein *Dankbarkeitstagebuch* zu führen. Das meint, dass man sich jeden Abend zwei bis drei positive Dinge oder Ereignisse notiert, für die man dankbar ist. Das schärft nicht allein die Aufmerksamkeit für das scheinbar Alltägliche, das unser Leben reich macht. Sondern indem man regelmäßig auf den vergangenen Tag zurückblickt und sich selbst gewissermaßen über die Schulter schaut, gehen einem manche Zusammenhänge auf.

Ich denke an eine Krankenschwester, die das Angebot bekam, für fünf Jahre nach Bolivien zu gehen, um dort ein Gesundheitszentrum aufzubauen. Die Möglichkeit reizte sie sehr: der Einsatz für Menschen am Rand, die Verantwortung, das Eintauchen in eine fremde Kultur. Doch sie zögerte, sich so langfristig zu binden, da sie schon lange in einer Beziehung mit einem Mann lebte, der aus gesundheitlichen Gründen nicht mitgehen konnte. Um mehr Klarheit zu finden, notierte sie sich über mehrere Monate jeden Abend drei Dinge, über die sie sich tagsüber besonders gefreut hatte. Mit der Zeit ging ihr auf, dass ihr Wunsch nach Ehe und Kindern viel stärker ausgeprägt war, als es ihr bislang bewusst gewesen war. Und sie entdeckte, dass ihre Scheu, um eigener Kinder willen berufliche Möglichkeiten zurückzustellen, eher dem gesellschaftlichen Mainstream entsprang, als dass sich darin wirklich *ihr* Anliegen ausdrückte ...

Zweitens lohnt es sich, eine imaginative Reise in die eigene Kindheit zu unternehmen. Etwa in folgender Weise:

- Ich reise in Gedanken in mein ehemaliges Kinderzimmer. Ich stelle mir den Raum mit allen Einzelheiten vor – die Regale und Bilder an den Wänden, die Cover meiner Musik-CDs oder Schallplatten, Bücher und geheime Schätze, die ich an einem besonderen Ort aufbewahrte. Den Geruch beim Betreten des Raumes, meinen Lieblingsplatz im Zimmer ... Ich tauche in dieses Bild ein, als ob ich das Kind von damals wäre ...

- Was war mir wichtig? Wofür schlug mein Herz? Was habe ich liebend gerne getan? Wofür habe ich viel riskiert?

- Welche Zukunftsträume beseelten mich? Welche Berufe haben mich fasziniert? Wo habe ich mich als Erwachsene gesehen: in einer Großstadt, auf dem Land, auf einem anderen Kontinent, im Kreis einer eigenen Familie, ständig »on tour«?

- Ich schreibe auf, welche Leidenschaften und Visionen ich einst hatte.

Durch diese Übung kommen viele wieder mit ihren Herzensanliegen in Kontakt.

Schließlich erleben viele Menschen Imaginationsfragen als hilfreich. Denn diese sprechen nicht nur das Denken an, sondern den ganzen Menschen: Emotionen, Träume, Fantasien, Körper, Herz, Intuition ... Wenn Sie sich folgenden Fragen zuwenden wollen, empfiehlt es sich daher, sie spontan zu beantworten.

- Ich mache eine Fantasiereise in die Zukunft und schreibe meinen eigenen Grabspruch. Was soll auf meinem Grabstein stehen? Denken Sie daran: Auf einen Grabstein passt kein Roman.

- Welche Sache ist mir das Risiko wert, mich für sie einzusetzen, selbst wenn ich scheitere?
- Welche zwei bis drei Personen aus Vergangenheit oder Gegenwart beeindrucken mich? Und warum?
- Wenn ich einen Bezug zur Person Jesu haben sollte: Welches Bild von ihm – aus der Kunst, Literatur oder Bibel – spricht mich besonders an?
- Wenn ich einem Menschen, der heute geboren wird, einen einzigen Rat mit auf seinen Lebensweg geben müsste: Wie würde der lauten?
- Wenn ich vor einer konkreten Entscheidung stehen sollte: Gab es Ereignisse oder Gespräche, die etwas darüber sagen, ob ich dieses oder jenes verwirklichen oder leben *will?*

Die Antwort auf die Frage »Wofür lebst du?« kann und darf Ihnen niemand abnehmen. Denn die Frage nach dem Sinn des eigenen Lebens lässt sich nur persönlich beantworten. Nur Sie selbst können entdecken und entfalten, welche Ziele und Werte Ihrer innersten Sehnsucht entsprechen. Und dies geht allein im Dialog mit sich und mit der Welt – und, wenn Sie ein glaubender Mensch sein sollten, im Dialog mit Gott.

Über sich hinauswachsen

Ungeachtet aller Einmaligkeit des persönlichen Lebenssinns, ähneln sich zugleich auch wichtige Werte und Ziele von Menschen. Das überrascht nicht, gehören doch alle zur *einen* Menschheitsfamilie.

Ichwärts, duwärts, weltwärts – in diesen Bewegungen kommen drei menschliche Grundkräfte zum Tragen: Es wohnt ein unstillbarer Drang nach Selbstbestimmung in uns. Wir wollen uns das Leben zu eigen machen und ihm unsere eigene Handschrift einprägen. Zugleich wollen wir spüren, dass wir zu einem größeren Wir gehören. Wir streben nach Verbundenheit und Nähe, Freundschaft und Liebe. Und wir wollen etwas tun, das für andere wichtig ist. Wir brauchen es, gebraucht zu werden, und wollen eine Spur in der Welt hinterlassen!

Ganz in diese Richtung weisen auch Beobachtungen von Menschen, die eine Nahtoderfahrung gemacht haben. Für viele von ihnen zählen danach nur noch zwei Dinge: tiefe menschliche Beziehungen zu führen und etwas Sinnvolles für andere zu tun. Alles andere – Ansehen, Leistung, Karriere, Beliebtheit, Besitz und Reisen – hat für sie an Geschmack verloren.

Im Menschen lodert die Sehnsucht, nicht an sich selbst kleben zu bleiben, sondern sich für andere und anderes zu öffnen und sich zu verschenken. Oder wie Rabindranath Tagore sagt: »Wer Bäume setzt, obwohl er weiß, dass er nie in ihrem Schatten sitzen wird, hat angefangen, den Sinn des Lebens zu begreifen.« Erst eine solche am Gemeinwohl orientierte Haltung macht das menschliche Miteinander human. Und jede Gesellschaft lebt von Menschen, die zu Leuchttürmen einer ganzen Generation werden – wie etwa Hans und Sophie Scholl, die mit Flugblättern im Dritten Reich zum Widerstand aufriefen; wie der Baptistenpastor und Bürgerrechtler Martin Luther King oder die überzeugte Frauenrechtlerin und Pazifistin Dorothy Day: Ergriffen von dem Wunsch nach einer gerechteren Welt, sind sie über sich selbst hinausgewachsen. Sie widerstanden ihrer Angst um sich selbst, weil ihnen anderes wichtiger war als die Sorge um Leib und Leben. Weil sie darauf vertrauten, dass alles, was aus Liebe geschieht, Ewigkeitsbedeutung hat. Und weil sie darauf bauten, dass sie nicht tiefer fallen können als in Gottes Hand. Solche Menschen gleichen Sternen, die von innen heraus strahlen und uns in den Nächten des Lebens Orientierung geben können.

Mit diesen Überlegungen kommt die dritte Komponente einer guten Entscheidung in den Blick.

Sich etwas sagen lassen

Die konkreten Gegebenheiten wahrnehmen und sich von ihnen etwas sagen lassen bedeutet zum einen: Es braucht eine gute *Balance* zwischen dem, was wir anstreben, und den äußeren Umständen und Möglichkeiten. Ansonsten bauen wir Luftschlösser und stürzen irgendwann erbarmungslos ab. Ein gesunder Realismus hingegen gibt Boden unter den Füßen.

Zum anderen meint es, der Wirklichkeit in einer *hörenden Haltung* zu begegnen. Denn diese hat uns etwas zu sagen! Wie oft begegnet man jemandem oder stößt auf etwas und merkt: »Das sitzt!« Wir fühlen uns angesprochen, irritiert oder herausgefordert. So ging es etwa einer Studentin, die ein Praktikum beim Film machte. In kürzester Zeit wurde ihr klar: »Kamerafrau, das ist mein Ding! In dem Bereich will ich arbeiten!« Gut erinnere ich mich auch, als mich vor einigen Jahren in einer Schweigewoche ein Bibelwort tief erschütterte und eine neue Spur in mein Leben brachte.

Der Wirklichkeit offen zu begegnen bedeutet in Entscheidungssituationen, dass wir insbesondere unsere Augen öffnen für das, was nottut. Für das, was »dran« ist. Und für das, was wir *nicht* tun dürfen, weil dies die Würde anderer und ihr Recht auf Lebensentfaltung verletzen würde. Denn die eigene Freiheit endet dort, wo sie das Leben und die Freiheit eines anderen einschränkt.

In allem geht es also um die Bereitschaft, Menschen oder Situationen an sich herankommen zu lassen. Wer den Mut hat, sich durch Erlebnisse anrühren oder aufwühlen zu lassen, zu dem kann das Leben sprechen. Wer hingegen total verplant ist, kann sich nicht mehr überraschen lassen. Und wer sich mit kalter Schulter die Menschen vom Leib hält, bleibt für deren Glück und Leid unerreichbar.

Muss man Stimmen hören?

In der unterhaltsamen Filmkomödie »Sister Act – Eine himmlische Karriere« spielt die Schauspielerin Whoopi Goldberg die Sängerin Deloris van Cartier. Diese muss sich vor einem Mafiaboss, der ihr Leben bedroht, in Sicherheit bringen. Gegen ihren Willen wird sie in einem katholischen Kloster versteckt. In dieser für sie völlig fremden Umgebung versucht Deloris, sich tapfer einzufinden – trotz erheblicher Eingewöhnungsprobleme und Verwicklungen. Etwa als eine der Ordensfrauen sie fragt: »Schwester, wann hat Sie denn eigentlich der Ruf erreicht?« Deloris ist verwirrt: »Der Ruf, der Ruf? Welcher Ruf? Ach ja, der Ruf.« Im letzten Moment ahnt sie, dass die Frau sie nach ihrem Weg ins Kloster fragen möchte. Und sie windet sich mit vielen Worten, bis sie diese Situation durchgestanden hat, ohne dass sie enttarnt worden ist.

An diese köstliche Szene muss ich manchmal denken, wenn Leute wissen wollen, wann mich der »Ruf in den Orden« getroffen hat. Oder wenn Christen danach suchen, was in ihren kleinen und großen Entscheidungen dem »Willen Gottes« entspricht. Eine wichtige Frage, denn der Glaube ist mehr als ein Hobby, das man ab und zu mal ausübt. Er kann und will das ganze Dasein prägen. Zugleich wird vielfach missverstanden, was der Begriff »Wille Gottes« meint: Viele verbinden damit die Vorstellung, Gott habe für jeden Einzelnen ein fertiges Lebensmanuskript entworfen, und nun komme alles darauf an, einen Einblick in das göttliche Drehbuch zu bekommen und es möglichst wortgetreu nachzusprechen. Bei einem solchen Verständnis vom »Willen Gottes« wird der Mensch bestenfalls zu einer Marionette, die nach der Pfeife Gottes tanzen muss. Aber diese Vorstellung entspricht nicht dem biblischen Gottesbild! Denn von der ersten bis zur letzten Seite der Bibel zieht sich durch: Freiheit ist ein Gütesiegel Gottes.

Doch wie geht das, die eigenen Schritte auf Gott abzustimmen? Wie bringt sich Gott zu Gehör? – Vielleicht stellen Sie sich diese Frage, weil Sie sich als glaubender Mensch verstehen und Ihren Alltag entsprechend gestalten wollen. Vielleicht gehören Sie aber auch zu der Fraktion, die meint: »Im Christentum gilt: ›Kopf ab zum Gebet!‹ Der Glaube gleicht einem moralischen Zwangskorsett. Und überhaupt: Man kann gar nicht ein aufgeklärter Mensch des 21. Jahrhunderts *und* Christin bzw. Christ sein!« In beiden Fällen lohnt es sich, dass Sie jetzt weiterlesen.

Auch aus spiritueller Sicht haben die drei genannten Elemente einer tragfähigen Entscheidung eine zentrale Bedeutung. Denn in ihnen meldet sich Gott zu Wort. Stichwortartig auf den Punkt gebracht:

Respektieren wir die Koordinaten unseres Lebens – unsere *Gaben* und *Grenzen* –, dann achten wir zugleich das Leben selbst. Biblisch gesprochen: Achten wir uns selbst, dann achten wir zugleich den Schöpfer und ein Leben in Fülle für alle will. (vgl. Johannes 10,10 ff.)

Auf die zweite »Erkenntnisquelle« einer an Gott ausgerichteten Entscheidung weist die Mystikerin Teresa von Avila pointiert hin: »Wer nicht weiß, was er will, weiß auch nicht, was Gott von ihm will.« Was für eine kühne Aussage! Sie lenkt die Aufmerksamkeit auf die Herzens-

Sehnsucht des Menschen. In ihr drückt sich eine göttliche Kraft aus, die jeden Menschen beseelt.

Eine dritte »Erkenntnisquelle« liegt in den konkreten, »zufälligen« Ereignissen und Begegnungen im Alltag. Denn im Licht des Glaubens betrachtet, ist das ganz normale menschliche Leben das bevorzugte Gelände, in dem sich Gottes Spuren finden lassen. Ob in der Schönheit und Schutzwürdigkeit der Natur; bei einer Ungerechtigkeit, die zum Himmel stinkt; der Aufgabe, sich um einen Neugeborenen zu kümmern, der in seiner Hilfsbedürftigkeit gebietet: »Lass mich nicht allein! Sorge für mich!«; oder in einem Wort der Bibel, das uns herausfordert … – in alldem tritt ein göttlicher Anspruch entgegen.

Es zeigt sich: Nach dem Willen Gottes zu leben meint aus christlicher Perspektive kein Nachplappern eines vorgeschriebenen Drehbuches. Vielmehr handelt es sich um ein *schöpferisches Geschehen:* Stehe ich vor einer Entscheidung, geht es darum, dass ich aus den verschiedenen Möglichkeiten die »beste« oder »stimmigste« herausfinde. Dafür ist es wichtig, dass ich die drei genannten Aspekte in den Blick nehme. Das Betrachten der Person Jesu kann mein Gespür schärfen für das, was hier und jetzt *mehr* der Gerechtigkeit und Liebe entspricht. Und darin – in Gerechtigkeit und Liebe – liegen aus Glaubenssicht die entscheidenden Kriterien! Geht jemandem in seinem Abwägen und Beten auf, was in seiner speziellen Situation die passendste Entscheidung ist, dann kann und soll er sich auf seine innere Stimme, auf sein Gewissen verlassen.

In der spirituellen Tradition trägt dieser kreative Klärungsprozess den Namen »Unterscheidung der Geister«. Andreas Knapp hat ein Gedicht mit diesem Titel geschrieben.

Unterscheidung der Geister

wie im Straßengewirr der Großstadt
schreien auf meinem inneren Marktplatz
tausend Stimmen wie irr durcheinander

locken mit Sonderangeboten
drohen mit Gesichtsverlust
zerren mich her und hin

wie aber
unter den vielen Parolen
Dein Wort noch finden

die Stimmen wollen etwas von mir
Du willst mich

die Stimmen trachten mich zu beherrschen
Du bist das Wort das frei macht

die Stimmen verführen in die Entfremdung
Du führst mich zu dir und mir zugleich

die Stimmen flüstern mir ein was ich brauche
Du rufst mich dorthin wo ich gebraucht werde

die Stimmen suchen zu überreden
Du überzeugst mich ins Leben

Andreas Knapp[21]

4. Trau dich!

Vielseitig begabt

Ob ein bestimmtes Verhalten oder eine Entscheidung stimmig ist, das können weder der Verstand noch der »Bauch« allein sagen. Vielmehr tragen verschiedene Kräfte zu einer guten Entscheidung und zu einem erfüllten Leben bei: Denken und Fühlen, Wünschen und Wollen, Intuition und nicht zuletzt auch der Körper. Der Mensch ist vielseitig begabt!

Doch genau an diesem Punkt hakt es: Viele Menschen haben kein Ohr für die Sprache ihrer Emotionen und kein Gespür für ihren Körper. Dabei signalisiert dieser manchmal wie ein Seismograf, ob eine Entscheidung passt oder nicht. Etwa, wenn sich etwas verkrampft und hart wird, oder wenn es sich weich und fließend anfühlt.

Ebenso trauen viele ihrer Intuition kaum etwas zu. Dies liegt zum einen an der westlichen Gesellschaft. Denn diese erzieht uns zu Riesen der Rationalität und zu Zwergen der Intuition. Als ob Letztere nur ein Störgeräusch wäre, das man möglichst herunterdimmen muss. Zum anderen findet unsere Intuition so wenig Gehör, weil wir in unserem Bedürfnis nach Sicherheit nach klaren Anzeichen für richtig und falsch suchen. Doch was in einer konkreten Situation angemessen oder passend ist, das lässt sich nicht aus allgemeinen Regeln verstandesmäßig ableiten, sondern nur im Augenblick intuitiv erfassen.

Ein Beispiel: Da bereut eine Person bitter eine Entscheidung – etwa dass sie sich auf eine Freundschaft mit jemandem eingelassen hat – und muss sich rückblickend eingestehen: »Eigentlich hatte ich damals schon intuitiv gewusst, dass ich mich auf diesen Menschen nicht so offen und vertrauensvoll einlassen soll. Aber ich habe meinen Zweifeln keine Bedeutung beigemessen und meinem Unbehagen nicht geglaubt. Und nun stehe ich vor einem Scherbenhaufen.«

Solche Erfahrungen bestätigen, was zahlreiche Studien zeigen: Die Intuition ist nicht so spontan, wie man meint. Vielmehr schöpft sie aus einem großen Erfahrungsschatz, verarbeitet blitzschnell eine Fülle von Informationen und spielt einem diese Erkenntnisse zu.

Wann immer wir gegen unser Herz entscheiden, wann immer wir gegen unsere Werte handeln oder uns auf falsche Menschen einlassen – unsere Intuition merkt es. Und schlägt Alarm. Aber nicht mit einem lauten Sirenengeheul, sondern mit einem leisen Zweifel, einem Zögern, einer Unruhe. In der Fülle des Alltags gehen diese Warnungen leicht unter. Doch wenn wir den Mut haben, uns dafür Zeit zu nehmen und auch Stille in unserem Alltag auszuhalten, werden wir die innere Stimme in größerer Klarheit vernehmen. Die Stille ist der Ort, an dem sich das Herz traut zu sagen, was einem der Verstand vielleicht schon seit Langem auszureden versucht. Und jedes Mal, wenn wir unserem Gespür in den kleinen Belangen Gehör schenken, bringen wir uns selbst Vertrauen entgegen. Im doppelten Sinn des Wortes *trauen wir uns*. Auf diese Weise kann ein allzu großes Sicherheitsbedürfnis, das nach eindeutigen Anzeichen für richtig und falsch sucht, langsam in den Hintergrund treten. Mit wachsender Leichtigkeit werden wir Klarheit und Gewissheit in uns selbst finden.

Jeder Mensch ist seine eigene Maßeinheit

»Maßstab für die Forderung des Lebens ist nur deine eigene Kraft«, notiert der UNO-Generalsekretär Dag Hammarskjöld in seinem Tagebuch.[22] Dieser Satz gehört zu meinen Lieblingsmerksätzen. Er bringt die genannten drei Pole einer tragfähigen Entscheidung zugespitzt auf den Punkt. Und er erinnert mich an eine von Martin Buber veröffentlichte Geschichte:

»Vor dem Ende sprach Rabbi Sussja: ›In der kommenden Welt wird man mich nicht fragen: Warum bist du nicht Mose gewesen? Man wird mich fragen: Warum bist du nicht Sussja gewesen?‹«[23]

Die Geschichte trägt den Titel: »Die Frage der Fragen«. Und dies zu Recht, weist sie doch auf die Mitte dessen hin, was Leben aus ganzem Herzen und ganzer Seele meint: Das Große liegt nicht darin, dies oder das, sondern *wir selbst* zu sein. Meine Aufgabe liegt also nicht darin, Sophie Scholl, Martin Luther King oder Albert Einstein zu kopieren, sondern das zu leben, was das Meine ist. Denn jeder Mensch ist seine eigene Maßeinheit! Die Bibel spricht in diesem Zusammenhang von der »Berufung« eines jeden Menschen: Gott ruft jeden Menschen bei seinem ureigenen Namen.

Wenn man ernst nimmt, dass der Maßstab für die »Forderung des Lebens« in der je eigenen Kraft liegt, so wie es Dag Hammarskjöld formuliert, dann hat das weitreichende Folgen: Es reißt uns heraus aus dem ewigen Vergleichen. Es befiehlt Zurückhaltung im Beurteilen anderer. Und es befreit sowohl von Überforderung als auch von Unterforderung.

Ein Beispiel: Jüngst hat mir eine Frau geschrieben: »Mut heißt für mich, jeden Morgen aufzustehen.« Die Frau leidet unter einer Angststörung. Schlägt sie morgens die Augen auf, türmt sich jeder neue Tag vor ihr auf wie ein unbezwingbarer Berg voller Gefahren. Dennoch steht sie auf! Und für dieses »trotzdem« nimmt sie all ihre Kraft und all ihren Mut zusammen. »Mut ist mein Morgengebet.« Was für eine Lebensleistung und was für ein Glaube werden hier offenbar! Ehrlich gesagt, ich bewundere diese Frau. Und ich bin ihr dankbar. Denn sie hat mich neu gelehrt, was es heißt, sich an *dem* zu orientieren, was einem möglich ist.

Und darin liegt ein Zeichen von Reife: sich nicht vergleichen zu müssen, sondern die Maßstäbe für das, was jetzt dran ist, aus dem eigenen Innern zu schöpfen. Den Lichtkegel nach innen zu richten und sich vor einer Entscheidung zu fragen: Was möchte in dieser Situation durch mich verwirklicht, in anderen Menschen ausgelöst, was will geliebt oder über Bord geworfen werden? Und was vermag ich (jetzt) nicht?

Wer sich diesen Fragen ehrlich stellt, verringert die Gefahr, in die Straßengräben der Überforderung und der Unterforderung abzurutschen. Manche entdecken etwa: »Meine Trägheit hindert mich, meine Grenzen auszureizen und das zu leben, was ich leben könnte und sollte.« Andere stoßen darauf, dass sie – ähnlich wie eine Gitarrensaite – ihre eigene Kraft überspannen, vielleicht aufgrund allzu hoher Ideale oder fremder Erwartungen. Auf ein wie auch immer geartetes Ungleichgewicht aufmerksam zu werden birgt die Chance, nach einer neuen, stimmigeren Balance zu suchen. Und beherzter zu leben.

Kann ich mir je sicher sein?

Woher nehme ich die Sicherheit, dass ich diesen Mann wirklich heiraten will? Und dass ich mit ihm glücklich werde? Was ist, wenn mich seine Macken irgendwann total nerven? Oder ich mich in eine Richtung entwickle, die ich heute noch gar nicht kenne?

Woher weiß ich, dass ich wirklich diesen Beruf ergreifen will? Vielleicht schlummern ja noch ganz andere Ga-

ben und Interessen in mir? Oder der Beruf wird irgendwann nicht mehr gebraucht.

Wie kann ich mir sicher sein, dass es gut ist, das kritische Thema in dieser Runde anzusprechen? Woher weiß
ich, dass ich mit meiner Meinung richtig liege? Schließlich
hat jeder seine blinden Flecken. Und wie weiß ich, dass
die anderen die Sache gut aufnehmen können, wenn ich
sie jetzt einbringe?

Mit Sicherheit wissen zu wollen, dass eine Entscheidung
richtig ist – diesen Wunsch kann ich gut nachvollziehen.
Und vielleicht haben Sie dieses Kapitel gelesen in der
Hoffnung auf ein Patentrezept, welches Sie zielsicher auf
die richtige Entscheidung zusteuern lässt. Doch ein Ent-
scheidungs-Navi gibt es nicht. Jede Entscheidung bleibt
ein Wagnis mit offenem Ausgang!

Natürlich verhilft eine gute Kenntnis der eigenen Person und der konkreten Umstände zu einer tragfähigen
Entscheidung. Und natürlich ruht eine Wahl auf einem
breiteren Fundament, wenn sie das Ergebnis eines ganz-
heitlichen Prozesses ist, in dem all unsere Kräfte zum Tragen kommen. Aber all das kann keine Sicherheit herstel-
len, die über jeden Zweifel erhaben ist – und dies aus vielfältigen Gründen. Zwei Punkte möchte ich herausgreifen:
die Vorläufigkeit menschlicher Einsicht und die Offenheit
der zukünftigen Entwicklung.

Wir können unsere Gaben und Grenzen immer nur an-
nähernd und vorläufig erkennen. Denn vieles geht uns
schrittweise auf, und wir selbst verändern und wandeln
uns stetig. Ähnlich können wir auch nicht ein für alle Mal
feststellen, worauf es uns im Leben ankommt. Vielmehr
ist die Ahnung um unsere tiefste Sehnsucht immer im
Werden, und es ist ein Trugschluss, zu glauben, wir könnten sie irgendwann als Besitz festhalten. Und was für uns

gilt, trifft auch auf die Mitmenschen und auf die ganze Welt zu: Alles ist ständig in Bewegung. Und selbst wenn wir uns um eine noch so genaue Risikokalkulierung bemühen – die Zukunft liegt im Ungewissen.

Wer nach der absolut perfekten Lösung sucht und davon ausgeht, dass es nur *eine* richtige Antwort auf unsere Fragen gibt, für den ist die Enttäuschung schon vorprogrammiert. Denn aufgrund der Offenheit der Zukunft kann man gar nicht wissen, welche Lösung sich als die beste erweisen wird. Niemand garantiert, dass die Zukunft den eigenen Vorstellungen entspricht.

Das bedeutet: *Wir tun gut daran zu lernen, Unklarheit und Ungewissheit auszuhalten.* Und damit verbunden: *Wir tun gut daran, unsere Verwundbarkeit zu akzeptieren. Denn eine ungewisse Zukunft bedeutet auch Verletzlichkeit.* Der Partner kann einem treu bleiben oder den Laufpass geben. Die berufliche Laufbahn kann sich wie erhofft oder auch ganz anders entwickeln. Und gesellschaftliche Verwerfungen oder ein Krieg stellen alles auf den Kopf.

Wenn wir die Verwundbarkeit als Teil unseres Lebens anerkennen, dann werden wir mit verunsichernden und schmerzhaften Erfahrungen besser umgehen können. Und unser Vertrauen kann wachsen, mit dem, was die Zukunft bringt, besser klarzukommen. All das wischt unsere Ängste nicht vom Tisch. Vielmehr begleiten diese uns bis zum letzten Atemzug, weil wir verletzliche Wesen sind. Doch ein solches (Selbst-)Vertrauen macht Mut, sich den Herausforderungen des Lebens zu stellen.

Es gibt kein Leben aus Konserven

Wir folgen dem Lebensruf, wenn wir aus den allzu engen Häusern der Gewohnheit auf- und aus den Käfigen der

Angst ausbrechen. Wir folgen dem Lebensruf in dem Maß, in dem wir uns je neu einlassen auf das Hier und Jetzt – im Vertrauen darauf, dass es gut und wichtig ist, sich einzubringen mit dem, was man in sich spürt und wer man ist. Und im Vertrauen darauf, dass uns *heute* das gegeben wird, was wir zum Leben brauchen.

Der Aufbruch

Ich befahl, mein Pferd aus dem Stall zu holen. Der Diener verstand mich nicht. Ich ging selbst in den Stall, sattelte mein Pferd und bestieg es. In der Ferne hörte ich eine Trompete blasen, ich fragte ihn, was das bedeute. Er wusste nichts und hatte nichts gehört. Beim Tore hielt er mich auf und fragte: »Wohin reitest du, Herr?« »Ich weiß es nicht«, sagte ich, »nur weg von hier. Immerfort weg von hier, nur so kann ich mein Ziel erreichen.« »Du kennst also dein Ziel?«, fragte er. »Ja«, antwortete ich, »ich sagte es doch: ›Weg-von-hier‹, das ist mein Ziel.« »Du hast keinen Essvorrat mit«, sagte er. »Ich brauche keinen«, sagte ich, »die Reise ist so lang, dass ich verhungern muss, wenn ich auf dem Weg nichts bekomme. Kein Essvorrat kann mich retten. Es ist ja zum Glück eine wahrhaft ungeheure Reise.

Franz Kafka[24]

KAPITEL SECHS

INWÄRTS

MIT SPANNUNGEN LEBEN

Unser Leben ist immer in Bewegung. Doch in welche Richtung? In den vorangehenden Kapiteln ging es um die Routen *ichwärts, duwärts, weltwärts* und *vorwärts*. In dieser Weise unterwegs zu bleiben erfordert Mut. Diesen kann man nur aus dem Innern schöpfen, wo eine Stimme spricht: Trau dich, es ist dein einmaliges Leben!

1. Mut ist, wenn man's trotzdem tut

Mut und Angst bilden eine innere Spannungseinheit. Dies ging mir auf, als ich auf Facebook eine kleine Umfrage gestartet hatte: »Wie würdet ihr ›Mut‹ umschreiben?« Die Rückmeldungen waren äußerst spannend. Ein paar Beispiele: Mut ist für mich, wenn ich …

- vor etwas Angst habe und es trotzdem mache oder zumindest versuche
- Träume Wirklichkeit werden lasse
- mir einen Weg in die Freiheit bahne
- aus alten Mustern ausbreche, die mir ein Gefühl von Sicherheit geben, mich aber auch unfrei machen

- für mehr Gerechtigkeit und ein menschlicheres Miteinander eintrete trotz meiner Angst und gegen äußere Widerstände
- mich nicht mit anderen vergleiche und mich dadurch über- oder unterfordere
- es wage, mir selbst zu begegnen. Wenn ich mich meinem Schatten stelle und meine Gefühle zulasse, auch die weniger schönen
- gegen den Mainstream schwimme, wenn dieser in eine falsche Richtung treibt
- zu den eigenen Grenzen stehe, auch wenn dies schmerzliche Konsequenzen hat
- der eigenen Angst ins Auge schaue, ohne davonzulaufen
- etwas tue, weil mich mein Gewissen dazu drängt, auch wenn es mir nichts nützt, ja mir sogar schadet
- einem Freund eine Enttäuschung »zumute«, weil ich manche seiner Erwartungen nicht erfülle
- meine Wunden offen zeige
- der Entdeckerfreude in mir mehr Raum gebe als der Ängstlichkeit
- trotz aller Unsicherheit und Widerstände im Letzten auf meine Herzensstimme vertraue

Und was ist für Sie Mut? Und wann erweisen Sie sich als mutig?

Vor dem Hintergrund der bisherigen Überlegungen lässt sich nun genauer bestimmen, was Mut meint. *Wir bringen Mut auf, wenn wir Widrigkeiten oder Risiken auf uns nehmen, um uns für etwas einzusetzen, das wir als richtig erkannt haben.* Mut erfordert also ein *Werte-Bewusstsein* – etwa für Fairness, Freundschaft, Ehrlichkeit sich und anderen gegenüber, Selbstannahme, Treue. Zweitens beinhaltet ein mutiges Handeln die *Einsicht,* was in einem bestimmten Moment richtig und was falsch ist; was hier und jetzt von mir verwirklicht oder verworfen werden will. Und schließlich beinhaltet Mut die *Entschlusskraft,* das Erkannte auch tatsächlich umzusetzen – *trotz* des Preises, den man dafür möglicherweise körperlich, emotional oder zwischenmenschlich zahlen muss. *Handeln wir mutig, lassen wir uns auf Ungewisses ein, machen uns angreifbar und gehen das Risiko ein, verletzt zu werden.* Kurz gesagt: Wir stechen in See an einem Tag, der uns Angst macht.

Dies zeigt: Die verbreitete Annahme, dass Mut und Angst sich gegenseitig ausschließen, ist falsch. Mut und Angst bilden eine Spannungseinheit! Sie brauchen einander! Und nur in ihrem Zusammenspiel können sie einen schützen einerseits vor Tollkühnheit und unverantwortlichem Leichtsinn. Und andererseits davor, sich von Angst lähmen oder in einen Käfig sperren zu lassen.

Wenn unsere Angst zurückweicht vor Wichtigerem

»Um Mut ringen« – eine interessante Redewendung: Wer ringt da mit mir? Oder was ringt da in mir?

Wer das bisher Gelesene Revue passieren lässt, wird entdecken, dass es in den verschiedenen Lebensbereichen immer wieder zu einem inneren Tauziehen kommt. Auf der einen Seite zerren Ängste. Auf der anderen Seite zieht uns etwas an, das uns wichtig ist. Manchmal beutelt es einen richtig hin und her, wenn man sich etwa händeringend fragt: »Mache ich den ersten Schritt auf den anderen zu, in der Hoffnung, dass wir wieder neu zueinanderfinden? Oder bleibe ich in Deckung, um nicht erneut verletzt zu werden?« »Stehe ich klar zu meiner Meinung? Oder passe ich mich an, um nicht anzuecken?« »Bringe ich meine ungewöhnliche Idee ins Team ein, oder halte ich den Ball flach?«

Wie das Ringen entschieden wird, dazu gibt die Etymologie des Wortes »Mut« einen Hinweis. »Mut« leitet sich vom indogermanischen »mo« ab und bedeutet »starken Willens sein, nach etwas trachten, heftig nach etwas streben«. Der Mutige hat also ein Ziel vor Augen, für das er sich starkmacht. Die Mutige hat ein Ziel im Blick, für das sie sich in die Waagschale wirft. *Mut ist, wenn anderes wichtiger wird als unsere Angst.*

Um die eigenen Ziele und Werte – zumindest ansatzweise – zu wissen, ist daher nicht nur zentral für eine gelingende Entscheidung. Vielmehr liegt darin eine Grundvoraussetzung von Mut überhaupt.

»Uff, das klingt alles so anstrengend!«, denkt vielleicht mancher. In der Tat, das ist es bisweilen auch. Doch dass Mut schwerfällt, spricht nicht gegen ihn! Und glücklicherweise *will* auch jede und jeder mutig sein! Und dies aus gutem Grund. Denn nichts fühlt sich beklemmender an, als wenn Angst die Regie im eigenen Lebensfilm übernimmt. Vor allem aber: Erst der Mut, sich zu riskieren und verletzbar zu bleiben, ist Schrittmacher ins Leben (angefangen beim Laufenlernen).

Von Mutmacher-Menschen und anderen Zumutungen

Was hilft Ihnen bei dem Vorhaben, gut mit Ihrer Angst umzugehen, sodass diese nicht das Kommando übernimmt? – Vieles ist in diesem Buch bereits zur Sprache gekommen. Daher hier nur einige zusammenfassende Hinweise:

Ein *Erstes* liegt darin, die eigene Angst zu entdramatisieren und damit auch zu normalisieren. Angst zu spüren ist ein natürlicher und lebensnotwendiger Reflex. Wenn jemand keine Angst empfindet, so kann das etwa an seiner Naivität liegen oder an der Feigheit, bedrohlichen Tatsachen ins Auge zu blicken. Das bedeutet: Es ist durchaus gesund, sich zu fürchten oder von Ängsten gepeinigt zu werden. Angst gehört zum Gesamtpaket unseres verwundbaren Lebens – insbesondere dann, wenn wir unsere Sicherheitszone verlassen und es ungemütlich wird, weil wir etwas wagen. Es nützt, in solchen Situationen mit der Angst nüchtern zu rechnen.

Zweitens hilft es, sich Sackgassen vor Augen zu führen, in die einen die Angst hineinmanövrieren kann, etwa: Wenn ich aus Feigheit Ja sage, obwohl ich Nein meine – und mich dadurch selbst überfordere. Und mich damit letztlich selbst verneine. Wenn ich aus dem vertrauten Unglück nicht auszubrechen wage, weil es sich sicherer anfühlt, obwohl ich inzwischen auf allen vieren krieche. Wenn Angst meine Kreativität blockiert. Oder wenn sie mich hindert, eine überfällige Entscheidung zu treffen. Es kann die inneren Widerstandskräfte mobilisieren, sich den Preis eines angstbestimmten Lebens vor Augen zu führen. Nach dem Motto von Viktor Frankl: Man muss sich von sich selbst nicht alles gefallen lassen.

Drittens stärkt es, sich an Situationen zu erinnern, in denen man mutig aufgetreten ist. Oder an Menschen, die einem – und sei es auch »nur« durch einen aufmunternden Blick – den Rücken gestärkt haben. Vielleicht mögen auch Sie in einer ruhigen Stunde darüber nachdenken, wem Sie in Ihrem Leben Begleitung und Stütze gewesen sind. Und sich an diejenigen erinnern, die *Ihnen* Mut und Vertrauen eingeflößt haben ...

Rufen wir uns diese Erfahrungen in Erinnerung, wenn Angst an uns nagt, dann kann etwas Erstaunliches passieren, nämlich dass wir spüren: »Ich bin in meiner Angst nicht allein!« Genau darin liegt ja ein Stachel der Angst, dass sie einem das Gefühl vermittelt, dass man ihr mutterseelenallein ausgeliefert ist. Geht uns diese Verbundenheit mit anderen auf, dann können uns zwar nach wie vor Wellen der Angst hin- und herwerfen. Aber dies geht nicht mehr mit dem Gefühl der Isolation einher.

Um mit der eigenen Angst besser klarzukommen, liegt *viertens* ein entscheidender Schritt darin, sie anzuschauen und mit ihr ins Gespräch zu treten: Woher kommst du? Was willst du mir sagen? Wohin willst du mich führen? Alle Versuche hingegen, Grübeleien und Gefühle mit Gewalt zu vertreiben, führen diesen nur neue Nahrung zu. Aus leidvoller Erfahrung weiß ich: Meine Angst so lange zu ertragen, dass ich auch nur eine Minute lang bei ihr verweile, fällt schwer! Ich bin eine Meisterin darin, blitzschnell in angenehmere Regionen auszuwandern, etwa in Träumereien, Fremdbeschuldigung oder Selbstmitleid. Oder – sehr beliebt! –, indem ich darüber nachdenke, wie ich das Problem lösen kann. Schade nur, dass vieles, was ängstigt, kein Problem darstellt, das sich »lösen« lässt. Daher lohnt es sich, immer wieder zu üben, die Angst einfach wahrzunehmen, auch wenn es zum Davonlaufen ist. Denn dann kann sich das Empfinden einstellen: »*Ich* habe Angst. Und nicht: Die Angst hat mich. Ich bin unendlich viel mehr als die Summe meiner Gefühle.«

»Ich habe in meinem Leben schon oft erfahren, dass Gott mir zur Seite steht. Und ich glaube doch eigentlich, dass er auch mein Fallen ›unendlich sanft in seinen Händen hält‹, wie Rainer Maria Rilke es ausdrückt. Dennoch schwappt immer wieder Panik in mir hoch, wenn ich an die schwere Operation denke, die auf mich zukommt. Selbst beim Beten.«

Von sich selbst spürbar enttäuscht, erzählt eine etwa Fünfzigjährige von ihren Nöten. Zu ihrer Angst vor der anstehenden Operation kommt die Enttäuschung hinzu, dass sie von sich erwartet, keine oder doch zumindest weniger Angst zu haben – denn schließlich glaube sie doch an Gott.

Ein weitverbreitetes Missverständnis! Viele sehen Angst als ein Hindernis auf ihrem Weg zu Gott. Sie meinen, ihre Angst sei ein Zeichen dafür, dass sie zu wenig glauben und vertrauen. Es enttäuscht und verunsichert sie, dass selbst das Gebet ihre Furcht nicht auflöst, und sie fragen sich: »Was mache ich bloß falsch beim Beten?«

Die Bibel spricht da eine ganz andere Sprache: Die Psalmen, das wichtigste biblische Gebetbuch, sind gewoben aus Klagerufen und angstvollem Schreien zu Gott – wie auch aus Jubelliedern und dankbarem Vertrauen. Glaube und Angst schließen einander nicht aus! Auch Jesus hat dies erfahren. Als er ahnt, dass ihm ein gewaltsames Ende droht, packt ihn die Angst. Er schreit zu Gott. Er nimmt seine Angst ins Gebet, lässt sie zu, spricht sie aus. Durch all das wird Jesus nicht von seiner Angst befreit. Wohl aber, so erzählt das Lukas-Evangelium, wird er fähig, *mit* und *trotz* seiner Angst seinen Weg weiter zu gehen (vgl. Lukas 22,39–46). Er bleibt sich und seinem Gott treu. *Mut ist Angst, die gebetet hat,* formuliert Corrie ten

Boom, eine niederländische Widerstandskämpferin im Dritten Reich.

Viele Menschen erfahren ihren christlichen *Glauben* als einen *Resonanzraum, in dem ihre Angst zur Sprache kommen kann.* Die Angst vor einer Operation, einem Examen, dem Sterben des Partners, dem Verlust des Arbeitsplatzes. Aber auch die Furcht vor Krieg und Terror, vor Hass und Gewalt. Und manchmal stellt sich im Gebet das leise Ahnen ein, dass ich mit meiner Angst nicht allein bin. Als ob in der Tiefe des eigenen Herzens ein Licht schimmern würde. Als ob ich von innen her liebend angeschaut würde. Das weckt Vertrauen und Mut.

Eine vielsagende Redewendung: Vertrauen *wecken.* Sie deutet an, dass es unter aller Angst und Verzweiflung ein tragendes Vertrauen gibt. Oft schlummert es oder wird verdeckt von negativen Erfahrungen. Aber es kann geweckt werden. Da ist es einer Person klamm ums Herz – und eine Begegnung oder ein Sonnenstrahl an grauen Tagen ruft unverhofft Vertrauen in ihr wach. Und sie spürt neue Zuversicht.

Vielen hilft, biblische Vertrauensworte in ihre Unruhe hineinzusprechen. Beispielsweise: »Der Herr ist mein Licht und mein Heil; vor wem sollte ich mich fürchten?« (Psalm 27,1) Oder: »Du bist mein Fels, meine Hilfe, meine Burg.« (Psalm 62,3) Wiederholen wir einen solchen Satz in einem ruhigen Rhythmus, kann dies eine entsprechende Saite in uns zum Schwingen bringen. Das bedeutet nicht, dass die Angst mit einem Mal verstummt. Wohl aber kommen andere, hellere Töne *auch* zum Klingen – und das verändert die innere Stimmung.

Das ist keine Magie! Vielmehr können uns ein Bibelwort, eine Begegnung oder ein Sonnenstrahl in Berührung bringen mit dem Heilen, das immer auch im Menschen wohnt. Vertrauen kann geweckt werden, wenn ich in Kontakt komme mit der ursprünglichen, »eigentlichen« Beheimatung: mit dem göttlichen Leben, das mich und alles im Grunde immer schon umgibt und von innen her trägt.

Mutig werden durch mutiges Handeln

> *Verliebe dich, kämpfe für etwas, an das du glaubst, paddle raus an einem Tag, der dir Angst macht – das Risiko ist immer da. Aber das wahrscheinlich größere Risiko ist, ein seichtes Leben zu führen und vor deinen Ängsten und Träumen davonzulaufen.«*

Jon Foreman

Es gilt, immer wieder neu den Ängsten zu begegnen, die uns am sicheren Ufer festhalten wollen. Und auch wenn wir in See stechen, wird die Angst mit an Bord gehen. Der Mut, sich von der Angst nicht ins Bockshorn jagen zu lassen, fällt nicht vom Himmel. Ebenso wenig ist Mut eine Eigenschaft, die vererbt wird wie die Augenfarbe oder Körpergröße. *Mutig werden wir allein durch mutiges Handeln!*

Das bedeutet: Immer dann, wenn wir unserer Angst einen vielleicht noch so kleinen Freiheitsspielraum abringen und zu uns stehen, werden wir ein Stückchen mutiger und freier. Immer dann, wenn wir es wagen, aufs offene Meer hinauszurudern, gewinnt unser Vertrauen an Tiefe. Und darin liegt zugleich eine Quelle, aus der die Selbstachtung entspringt: Dass wir nicht klein beigegeben haben, sondern über uns hinausgewachsen sind.

Das gelingt mal mehr und mal weniger gut. Wenn mir an manchen Tagen meine Angst an den Hals greift und mich einengen will, dann hilft mir: Anhalten. Tief durchatmen. Und mich von Virginia Satir inspirieren lassen.

Die fünf Freiheiten

Die Freiheit, das zu sehen und zu hören, was im Moment wirklich da ist, anstatt was sein sollte, gewesen ist oder erst sein wird.
Die Freiheit, das auszusprechen, was ich wirklich fühle und denke, und nicht das, was von mir erwartet wird.
Die Freiheit, zu meinen Gefühlen zu stehen, und nicht etwas anderes vorzutäuschen.
Die Freiheit, um das zu bitten, was ich brauche, anstatt immer erst auf Erlaubnis zu warten.
Die Freiheit, in eigener Verantwortung Risiken einzugehen, anstatt immer nur auf Nummer Sicherheit zu gehen und nichts Neues zu wagen.[25]

2. Wider den Glückszwang

Eine Abiturientin bat mich um ein Gespräch. Ihre Berufswünsche schwankten zwischen Architektur und Psychologie, und sie wusste nicht, für welches Studienfach sie sich entscheiden sollte. Ich fragte, ob sie sich möglicherweise durch die Eltern in eine bestimmte Richtung gedrängt fühlte. Ganz im Gegenteil, betonte die Abiturientin, ihre Eltern würden immer wieder unterstreichen, dass sie machen könne, was sie wolle – Hauptsache, sie werde glücklich. Echte Vorzeigeeltern, dachte ich zuerst. Doch dann zeigte sich, dass genau hier das Problem lag: Der Zwang, glücklich werden zu müssen, blockierte die junge Frau.

Ein modernes Tabu: *Es darf uns nicht schlecht gehen.* Und wenn einem dieser vermeidbare Unfall doch passiert, dann sollte man versuchen, dieses Malheur schnellstmöglich zu beseitigen. Denn sich unwohl fühlen – das geht gar nicht! Fünf Schritte zum Glück, drei Übungen zur Traumfigur und *der* ultimative Tipp für Erfolg und Selbstbewusstsein sind gefragt …

Die Erwartung, ständig gut drauf sein zu können (und zu sollen), verdankt sich der modernen Überzeugung, dass sich immer alles noch verbessern lässt. Hinzu kommt: Glück wird vielfach gleichgesetzt mit ununterbrochen »positiven« Emotionen, mit angenehmen Erfahrungen und einem Leben voller Höhepunkte. Beides gehört für mich in die Märchensammlung aus *Tausendundeiner Nacht!* Dies zeigt bereits ein kurzer Blick auf eigene Beziehungen, auf Schule und Arbeit.

Der Ehemann oder die Partnerin sind niemals immer so, wie wir es uns wünschen. Und manches nervt fürchterlich – etwa das ewige Zuspätkommen; das muntere Gequassel beim Frühstückstisch, während man selbst noch gar nicht richtig wach ist; oder auch nur der mal wieder nicht ausgeleerte Müll … Liebe ist kein reines Vergnügen und vor allem keine Garantie für gute Gefühle. Welche eintönigen, frustrierenden und bisweilen auch schreckliche Zeiten durchlaufen wir!

Ein anderes Beispiel ist das berühmte Elternglück. Das gibt es in der Tat! Zugleich gilt aber auch: Wenn das Kind tagelang quengelt, weil es zahnt; wenn es sich heulend an der Kasse auf den Boden wirft, weil es kein Eis bekommt; wenn man noch nie so schonungslos kritisiert worden ist wie vom pubertierenden Sohn … dann fühlt sich das – bei aller Liebe! – alles andere als lustig an.

Ähnliches gilt für die *Schule:* Natürlich kann Lernen Spaß machen, ja faszinieren, wenn etwa die eigene Entdeckerfreude zum Zug kommt. Aber Vokabeln zum fünften Mal zu wiederholen, damit sie sitzen, ist ziemlich öde.

Ein letztes Beispiel, die *Arbeit.* Insbesondere in der jüngeren Generation suchen viele nicht nur nach einem Job mit gutem Gehalt und flachen Hierarchien, sondern vor allem auch nach einer sinnvollen Tätigkeit. Ein berechtigter Wunsch, mit dem sie die klassische Unternehmenskultur gehörig aufmischen. Doch wie befriedigend die kreative Lösung einer Aufgabe auch sein mag, sie verlangt immer auch Anstrengung und geht oft mit eintöniger Fleißarbeit einher. Zehn Prozent Inspiration, neunzig Prozent Transpiration!

Es ist einfach so: Mal fühlt sich ein Tag großartig an und dann wieder sterbenslangweilig. Mal farblos und leer und dann wieder froh beschwingt. Nicht alles macht Spaß – und muss es auch nicht.

Ehrlich gesagt, ich stolpere über diesen gerade geschriebenen Absatz. Einerseits fällt es mir leicht, ihn in seiner Allgemeinheit zu bejahen. Aber ihn im Konkreten zu beherzigen, ungleich schwerer. Oft laufe ich nämlich Sturm dagegen, wenn die Sache anders läuft als erhofft. Wenn es mühsam, frustrierend oder hart wird. Zugegeben, das klingt etwas kindlich, aber manchmal benehmen sich Emotionen wie fünfjährige Kinder.

All das wäre für sich genommen ja schon spannungsreich genug. Doch die trübe Stimmung lässt sich noch weiter verdunkeln: *Wenn ich nicht akzeptieren kann, dass ich unzufrieden bin, dann bin ich unzufrieden in Potenz.* Der gesellschaftliche Druck, dass Gut-drauf-Sein der Normalzustand des Lebens sei, trägt das Seine dazu bei. Verbunden mit der weitverbreiteten Annahme: »Wenn es dir schlecht geht, bist du selbst schuld!«

Es hört sich paradox an, trifft aber zu: Viele wären glücklicher, wenn sie auch einmal unglücklich sein dürften! Aus diesem Grund habe ich in meinem Buch über die Kunst, mit sich selbst befreundet zu sein, ein Plädoyer abgelegt für das Recht, unglücklich sein zu dürfen. Denn dafür gibt es zahlreiche Gründe. An dieser Stelle möchte ich die Aufmerksamkeit auf etwas anderes lenken.

Vom Glück der sechzig Prozent

Es gibt eine gute und eine schlechte Nachricht. Die schlechte Nachricht: Jeder Tag bietet genügend Gelegenheit, um mit sich selbst und mit anderen unzufrieden zu sein. Die gute Nachricht: Wer seine Unzufriedenheit annimmt, kann innerlich zu Frieden finden.

Natürlich bleibt das Unangenehme unangenehm und das Fürchterliche fürchterlich. Doch der springende Punkt liegt woanders: Wer sich auf Dauer an dieser unausweichlichen Tatsache reibt, der wird wund. Und wer sich ständig darüber beschwert, macht sich das Leben unnötig schwer. Wer hingegen seine Erwartungen verändert und akzeptiert, dass auch Unzufriedenheit, Langeweile und Schmerz zu seinem Leben dazugehören, den werden diese Erfahrungen nicht mehr so stark quälen. Trotz Not kehrt irgendwie ein innerer Frieden ein. Die eigenen *Erwartungen* stehen also hier zur Debatte.

Unvergesslich sind für mich jene Gespräche, die ich bei ganz unterschiedlichen Gelegenheiten mit Frauen und Männern geführt habe – alle glücklich verheiratet. Manche zehn, manche vierzig Jahre lang. Wir sprachen darüber, was »glücklich verheiratet« meint; und darüber, dass es in jeder Partnerschaft immer auch unerfüllte Bereiche gibt, etwa den der Sexualität oder der Wunsch nach Nähe.

Werte, die man mit dem anderen nicht teilen kann, oder Themen, die einen selbst brennend interessieren und die den anderen kaltlassen. Irgendwann stellte ich die Frage: »Stell dir eine Skala von null bis hundert Prozent vor. Hundert Prozent meint, du kannst alles, was dir wichtig ist, mit deinem Partner beziehungsweise deiner Partnerin teilen, und umgekehrt. Null Prozent meint, dass es keinerlei gemeinsame Lebensfelder und Interessen gibt. Wie viel Prozent braucht es deiner Erfahrung nach für eine glückliche Ehe?« – Die allermeisten antworteten spontan und ohne von den anderen Einschätzungen zu wissen: sechzig Prozent.

Mich haben diese Antworten verblüfft: Reichen sechzig Prozent? So wenig? Oder vielleicht doch gar nicht so wenig, sondern ziemlich realistisch? Wie denken Sie darüber?

Wer vom Leben ein möglichst perfektes Glück erwartet, hat sein Unglück schon vorprogrammiert. Je realistischer hingegen die eigenen Erwartungen sind, umso eher können wir mit einem »unvollkommenen Glück« zufrieden sein.

Tapferkeit: die Fähigkeit, dranzubleiben

Manches, was einen im Privaten oder Beruflichen unzufrieden oder leidend macht, lässt sich ändern. Vieles nicht. Um dies zu ertragen, ist Tapferkeit gefragt. Es braucht die Bereitschaft, sich den eigenen inneren Spannungen zu stellen. Und die Fähigkeit, Unbehagen und Schmerz als einen normalen Teil des alltäglichen Lebens auszuhalten.

»Tapferkeit« – dieses Wort klingt in Ihren Ohren vielleicht schräg oder altbacken. Oder es weckt Erinnerungen an Denkmäler für im Krieg Gefallene. Doch Tapferkeit meint kein ausgefallenes Heldentum, sondern etwas viel Alltäglicheres: *Tapferkeit bedeutet das Durchhaltevermö-*

gen in mühsamen und schwierigen Zeiten. Die Standhaf-
tigkeit, wenn es in den kleinen und großen Belangen des
Lebens ungemütlich wird. Etwa: Da wirft jemand trotz
Widerständen und Niederlagen nicht das Handtuch, sondern setzt sich weiter für die Begrünung des Stadtteils ein.
Ein Paar steckt in der Krise, macht aber keinen vorschnel-
len Beziehungscut, sondern bleibt dran, sich um eine neue
Nähe zu bemühen. Tapferkeit spielt auch mit bei jenem
Rollstuhlfahrer, der auf Dauer weder in Selbstmitleid ver-
sinkt noch die Ungerechtigkeit des Lebens anklagt, son-
dern *in* seinen Grenzen ein erfülltes Leben führt.

Während Mut eher die »Initiativkraft« meint, etwas zu
wagen, erweist sich Tapferkeit als eine »Duldekraft«: als
die Fähigkeit, dranzubleiben, wenn Enthusiasmus und
Begeisterung abgedankt haben und es mühsam, trocken
oder hart wird.

Es wäre ein Missverständnis, zu meinen, ich möchte
Mühe und Schmerz glorifizieren. Das liegt mir fern! Doch
es gehört einfach zu den Tatsachen dieser Welt, dass das
Menschsein Leiden und Widriges mit sich bringt. Wir
sind verwundbar. Und das Leben ist oft hart und unge-
recht! Es stellt sich also die Frage, *wie* wir mit diesem unvermeidbaren Aspekt unseres Lebens umgehen. Verleugnen wir diese Wirklichkeit, werden wir uns selbst zum
größten Feind!

Auf der Flucht

Eine häufige Vermeidungsstrategie liegt darin, das eigene
Unbehagen abzuwehren oder auf die eine oder andere
Weise zu betäuben. Manche stopfen sich mit Essen voll,
andere nehmen Psychopharmaka, halten sich mit Ex-
tremsport im Dauer-High oder sind ständig »busy«. Aber
auch der Wein am Abend, die Weiten des Internets oder
übermäßiger Schlaf sind beliebte Fluchthelfer. Eine

Exit-Strategie, durch die ich gerne das Weite suche, besteht darin, dass ich meinen Schmerz leugne oder bagatellisiere – etwa, indem ich mir einrede: »Es ist eigentlich gar nicht so schlimm!« Bereits das Wort »eigentlich« ist hier recht vielsagend, weil es darauf hinweist, dass offenkundig manches gegen diese Selbstbeschwörung spricht. Aus Angst vor dem Ernst des Schmerzes nehme ich mich selbst nicht ernst.

Ich glaube, dass wir letztlich alle in irgendeiner Weise unsere schmerzlichen Gefühle betäuben. Das ist in sich betrachtet nichts Schlechtes. Das Problem beginnt, wenn unsere Vermeidungsstrategien zur Dauereinrichtung werden. Denn sind wir ständig auf der Flucht vor unseren schwierigen Erfahrungen und der ihr zugrunde liegenden Verletzlichkeit, dann zahlen wir in mehrfacher Hinsicht einen hohen Preis.

Zum einen lassen sich Emotionen nicht selektiv drosseln! In ganz besonderer Weise lähmt es uns, wenn wir unsere Verletzlichkeit betäuben. Denn dadurch dämpfen wir nicht nur den Schmerz unserer schwierigen Empfindungen. Vielmehr stumpft zugleich auch unsere Fähigkeit ab, Kreativität, Mitgefühl, Liebe und Freude zu empfinden. Denn wie bereits erläutert: Diese ersehnten Erfahrungen *und* die Verletzlichkeit bedingen sich gegenseitig.

Zum anderen: Gefühle, die nicht in der Helle des Bewusstseins gelebt werden, regieren uns als Schattenkabinett. Sie melden sich in der Dunkelheit, etwa in schweren Träumen. Oder sie melden sich *als* Dunkelheit, als Depression, als unerklärliche Müdigkeit und Lustlosigkeit. Und sie führen zu zwanghaftem Handeln.

Damit gerät ein weiterer Punkt in den Blick: Wie Brené Brown zu Recht betont, gibt es zu viele Menschen, die, statt ihre Verletzung zu fühlen, aus ihrer Verletzung heraus reagieren. Oder die, statt sich ihren Schmerz einzugestehen, anderen Personen Schmerz zufügen. Anders gesagt: Erst der gute Umgang mit dem eigenen Leiden ermöglicht es, sich selbst und andere gut leiden zu können. Und er gibt die Kraft, erlittenen Schmerz nicht unbewusst an andere weiterzugeben.

Mut zur Demut

Es gibt kein Vorbei an schmerzhaften Empfindungen! Daher ist es von Bedeutung, die eigenen Ausweichmanöver zu kennen, mittels derer man Schmerz und Verwundbarkeit vermeidet. Wenn Sie auf Erkundungstour gehen wollen, können Sie sich verschiedene Situationen in Erinnerung rufen, in denen Sie sich emotional ausgesetzt erfahren (haben) – vielleicht eine Niederlage, die Sie einstecken mussten, ein kränkender Konflikt, eine sterbenslangweilige Veranstaltung oder nervenaufreibende Pflichten. Und sich dann interessiert fragen:

• Wie wehre ich meine schwierigen Gefühle ab?
• Wie blockiert mein schmerzvermeidendes Verhalten ein Leben aus vollem Herzen?
• Sind andere von meinen Ausweichmanövern betroffen?

Wenn Sie den einen oder anderen abwehrenden Mechanismus entdecken sollten und ihn sich ehrlich eingestehen, dann gelingt Ihnen viel! Denn Ihre mutige (!) Selbstwahrnehmung eröffnet Ihnen eine neue Freiheit. Sie können nach Möglichkeiten Ausschau halten, wie Sie den dunklen Seiten Ihrer Wirklichkeit auf lange Sicht angemessener begegnen. Und Sie können nun bewusst Ihre Fähigkeit kultivieren, Unbehagen und Schmerz als unvermeidbaren Teil Ihres Lebens zu ertragen.

Es wird deutlich: Mut und Tapferkeit tragen dazu bei, dass wir uns in einer Art und Weise unserem Schmerz stellen, die uns zu mehr Weisheit und einem couragierten Leben führt.

Das Richtige zu erkennen *und* zu tun ist bei allem eigenen Bemühen immer auch ein Geschenk. Religiös gesprochen, eine »Gnade«. Das erleben Menschen vor allem dann, wenn es hart auf hart kommt: Wenn sie um Mut ringen, etwas zu wagen. Oder um die Duldekraft, etwas durchzustehen – und sie Tag für Tag Mut und Vertrauen »irgendwie« auch in sich vorfinden. In solchen Situationen kann einem aufgehen: Ich lebe nicht nur aus meiner eigenen Kraft. Ich schöpfe aus einer Quelle, die den Tiefen meiner Seele entspringt *und* die mir zugleich geschenkt wird. – Eine echte spirituelle Erfahrung.

Hier liegt ein Grund, warum viele Menschen ein Leben aus vollem Herzen auch als ein spirituelles Geschehen beschreiben. Und warum sich folgendes Gebet inner- und außerhalb der Kirchen und über Religionsgrenzen hinweg großer Beliebtheit erfreut:

Gott, gib mir die Gelassenheit,
Dinge hinzunehmen,
die ich nicht ändern kann,
den Mut,
Dinge zu ändern, die ich ändern kann,
und die Weisheit,
das eine vom anderen zu unterscheiden.

(Rolf Niebuhr zugeschrieben)

KAPITEL SIEBEN

WIRWÄRTS

MUTIGE POLITIK

Rauspaddeln an einem Tag, der Angst macht – der Mut dazu lässt sich nur aus dem eigenen Innern schöpfen. Doch da wir nicht wie Robinson Crusoe auf einer einsamen Insel leben, wird das innerseelische Betriebsklima entscheidend geprägt von den »Räumen«, in denen wir leben: von der Kultur und den Werten einer Familie, einer Gruppe oder Organisation.

Wie wird in den Räumen, in denen wir uns bewegen, mit Verwundbarkeit umgegangen? Anhand dreier Beispiele möchte ich verdeutlichen, welch große Bedeutung diese Frage für unser gesellschaftliches und politisches Leben hat.

1. Jungen Menschen Rückenwind geben

Immer mehr Jugendliche geben an, dass sie den Druck im Leben nicht mehr aushalten. Die Burn-out-Rate unter Kindern und Jugendlichen steigt besorgniserregend an. Und die Zahl junger Menschen, die an Depressionen oder Angsterkrankungen leiden, nimmt stetig zu. Bei den 18- bis 25-Jährigen wuchs sie zwischen 2005 und 2016 von 1,4

Millionen auf 1,9 Millionen. Ein Anstieg um 38 Prozent![26] Im Jahr 2016 ist damit jeder vierte junge Erwachsene in Deutschland von solchen Erkrankungen betroffen gewesen. Und der Chef der Barmer-Krankenkasse, Christoph Straub, hält es für wahrscheinlich, dass künftig noch mehr junge Menschen unter psychischen Problemen leiden werden.

Viele Gründe tragen zu dieser erschreckenden Entwicklung bei. Ich möchte auf zwei Aspekte aufmerksam machen, die im Zusammenhang stehen mit Verletzlichkeit und Scham.

Beizeiten beiseitetreten

Rund um das Thema »Eltern-Sein« hat sich ein milliardenschwerer Markt aufgetan: Mit Sensoren ausgestattete Matten unter der Kindermatratze, die Alarm schlagen, wenn die Atmung aussetzt. Die per App gesteuerte Spezialsocke, die Puls und Sauerstoffrate am kindlichen Fuß misst und bei Auffälligkeiten auf dem Handy der Eltern Gefahr signalisiert. Atemstillstand, Überhitzung, plötzlicher Kindstod – mit diesen Schlagworten wird Panik geschürt. Dabei ist das Risiko für ein Neugeborenes, in den ersten Lebensmonaten am plötzlichen Kindstod zu sterben, seit Anfang der Neunzigerjahre in Deutschland um neunzig Prozent gesunken.

Immer mehr Eltern geraten in einen Teufelskreis der Angst, in dem sie Vertrauen durch Technik und Überbehütung ersetzen. Doch Kinder entfalten sich am besten zwischen den beiden Polen Bindung und Eigeninitiative. Das bedeutet: Zum einen brauchen Kinder einen sicheren Hafen. Zum anderen, dass man ihnen zutraut, sich auf offene See hinauszuwagen. Dass ihnen zugemutet wird, dass sie mit Problemen kämpfen und sich dabei auch Schrammen und Niederlagen einhandeln.

Darin liegt vielleicht eine der größten Herausforderungen für Eltern: zuzulassen, dass ihre Kinder ihre eigenen Kämpfe ausfechten. Stattdessen mischen sich viele ununterbrochen in die Angelegenheiten ihrer Kinder ein und holen sie aus jeder schwierigen Situation heraus. Doch wenn junge Menschen in Sicherheitskorridore eingesperrt werden, können sie kein Selbstvertrauen entwickeln. Wenn ihr Bewegungsprofil per elektronischer Nabelschnur ständig kontrolliert wird, vermögen sie keine eigenen Wege zu gehen. Bekommen sie hingegen Gelegenheit, Enttäuschungen zu erleben, sich in Sackgassen zu verrennen und durch Schwieriges hindurchzugehen, lernen sie, an sich zu glauben. Sie entdecken in sich selbst die Ressourcen, um Stürme zu bestehen und neue Kontinente zu entdecken.

Junge Menschen haben im Allgemeinen das Zeug dazu, ihren eigenen Weg zu gehen. Oft aber stehen wir Erwachsenen ihnen dabei im Weg: mit unseren Ängsten vor der *eigenen* Verwundbarkeit. Und mit unserer Angst, den uns Anvertrauten *ihre* eigene Verwundbarkeit zuzumuten. Da doch lieber auf Nummer sicher gehen.

Kinder und Jugendliche müssen aus den übertriebenen Sicherheitszonen heraus. Nur so finden sie zu den Kraftplätzen im eigenen Leben! Dazu kann jede und jeder im persönlichen oder beruflichen Umfeld beitragen. Wichtig dabei: Wir können nur in dem Maß Mutmacher für junge Menschen sein, wie wir selbst mutig leben. Wir können ihnen nur insoweit Rückenwind geben, wie wir selbst das Risiko eingehen, uns auf Ungewisses einzulassen. Wir können einen Raum für Verletzlichkeit und Wachstum schaffen, wenn wir uns selbst in diesen Räumen bewegen. Denn wir vermögen anderen nur das zu vermitteln, was wir selbst leben. *Wer wir sind und wie wir uns verhalten, ist daher un-*

gleich wichtiger als alles theoretische Wissen über Psychologie und Erziehung. Das gilt nicht nur für Eltern oder Lehrer, sondern für alle, die andere dabei unterstützen wollen, ihre Potenziale und ihre Persönlichkeit zu entfalten.

Einzig statt artig

Kinder sind unglaublich kreativ und lernbegierig. Doch oft kommen ihnen diese Fähigkeiten abhanden, wenn sie älter werden. Verantwortung dafür tragen unter anderem Helikoptereltern, die ihnen permanent hinterhersausen, der Kreativitätskiller Scham und eine fatale Entwicklung in der Bildungspolitik.

Ich persönlich kenne niemanden, der sich nicht an beschämende Vorfälle in der Schule erinnern kann. Etwa wenn jemand so lange im Türsturz des Klassenzimmers stehen bleiben und einen englischen Satz aufsagen musste, bis dessen Aussprache korrekt war. Wenn einem auf den Kopf zugesagt wurde, dass man im Malen, Schreiben oder Tanzen eine Null ist. Oder wenn man eine Frage gestellt hat und dafür von Lehrern angeblafft oder von Mitschülern ausgelacht wurde.

Viele treten daher den inneren Rückzug an, um sich vor beschämenden Erfahrungen zu schützen. Sie lernen in der Schule sehr schnell, dass sie am besten durchkommen, wenn sie möglichst unauffällig sind, den Mund halten und auf gute Noten achten. Das Traurige: Wer innerlich ausgestiegen ist, bringt sich nicht mehr ein, verliert Interesse und Lernbereitschaft.

Im Blick auf diese Problematik kommt der Schulleitung eine große Bedeutung zu, denn sie prägt in besonderer Weise die Kultur einer Organisation. Sie muss die Wahrnehmung dafür schärfen, was gut und richtig ist und wo Scham das Verhalten bestimmt. Und sie muss prüfen, ob diese sich in den Umgang mit Mitarbeitern und Schülern eingeschlichen hat – im eigenen Führungsstil, innerhalb des Lehrerkollegiums oder in der Begegnung mit Schülern. Herrscht in einer Schule eine Atmosphäre, in der gegenseitiger Respekt den Ton angibt, dann hat beschämendes Verhalten als Machtmittel keinen Raum. Eine angstfreie und von Achtung getragene Atmosphäre trägt dazu bei, das zu schützen, was am meisten zählt: das »namenlos Weiche« in einem Menschen, wie es die Schriftstellerin Christa Wolf genannt hat. Das fordert auch Bettina Wegner in ihrem Lied »Kinder«. Dort heißt es:

»Sind so kleine Seelen, offen und ganz frei.

Darf man niemals quälen, geh'n kaputt dabei.«

Eine Organisationskultur, die auf wechselseitiger Wertschätzung und Achtung basiert, wird jedoch für Schulen zunehmend schwierig. Denn wir leben in einer Wettbewerbsgesellschaft, in welcher der Erwerb von Gütern und die Leistungskraft als Maßstab für den Wert eines Menschen gelten. Davon lässt sich auch die Bildungspolitik immer stärker beeinflussen: Die berufliche Verwertbarkeit von Bildung gibt lautstark den Ton an. Kinder und Jugendliche sollen durchsetzungs- und konkurrenzfähig werden, damit sie im globalisierten Wettkampf nicht abgehängt werden. Der (Irr-)Glaube an den Markt wird zum Credo des Bildungsauftrags. Das bedeutet: Die Schule ist immer weniger ein Raum, in dem junge Menschen ihre Individualität und Kreativität entfalten und sich ganzheitlich bilden können. Sie lernen stattdessen zu funktionieren, um in einer globalisierten Welt mithalten zu können. Dabei verlernen sie es freilich, auf ihr Herz zu hören, das sie *ichwärts, duwärts* und *weltwärts* ruft.

Was wünschen Eltern sich für ihre Kinder? Und was wünschen viele Lehrer sich für ihre Schüler? – Lassen wir das vordergründige Starren auf Schulabschluss, Noten und Leistungen einmal beiseite, so werden vermutlich die allermeisten Eltern und Lehrer für die Kinder das erhoffen, was sie für sich selbst anstreben: nämlich kein Rädchen in einer Maschinerie zu sein, sondern unverwechselbare Persönlichkeiten zu werden; nicht stumpf und resigniert zu funktionieren, sondern ihre Aufgaben mit einem Schuss Begeisterung und aus Überzeugung heraus zu erfüllen; sich mit Haut und Haar für Ziele und Visionen einzusetzen, die die Hingabe ihres Herzens und ihres Lebens wert sind. Zu einem solchen Leben beizutragen ist vornehmste Aufgabe von Bildung und entscheidend für die Zukunftsfähigkeit unserer Gesellschaft.

2. Handschlag statt Ellenbogen

Am 15. Dezember 2017 berichteten die *Washington Post* und *New York Times*, dass die US-Gesundheitsbehörde CDC (Centers for Disease Control and Prevention) in ihren Budgetanträgen zukünftig auf sieben Wörter verzichten soll. Zu der Liste der verbotenen Wörter, die von der Trump-Regierung erstellt worden ist, gehören unter anderem die Begriffe »Verwundbarkeit« (vulnerability) und »Anspruch« (entitlement).

Aus medizinischer Sicht gelten jene als »verwundbar«, die wenig Geld, einen niedrigen sozialen Status, kein stützendes Umfeld haben; und denen der Zugang zu medizinischer Versorgung erschwert ist. Es liegt auf der Hand, dass bei diesen Personengruppen ein erhöhtes Gesundheitsrisiko besteht. Derzeit steht in den USA (noch) vielen »Verwundbaren« ein »Anspruch« auf Krankenversicherung zu. Denn bislang konnte Donald Trump seine Pläne, die von Barack Obama eingeführte Gesundheitsfürsorge abzuschaffen, politisch nicht durchsetzen. Wenn jedoch die US-Regierung in Zukunft kein Geld mehr freigibt, sobald bei Anträgen die Begriffe »verwundbar« oder »Anspruch« auftauchen, wirkt sich das auf die Arbeit der Gesundheitsbehörde aus: Sie kann beispielsweise schlecht untersuchen, inwieweit die Obamacare das Leben von rund 20 Millionen US-Bürgern verbessert hat, denen nun erstmals eine solche Absicherung zugutekommt.

Recht schützt vor der Willkür des Stärkeren

Die Verwundbarkeit von Menschen und der damit verbundene Anspruch auf Schutz werden von bestimmten politischen Richtungen als störend oder als gefährlich eingestuft. Wird Verletzlichkeit aus unserem Wortschatz und unserer Wahrnehmung getilgt, dann geraten zahlreiche Menschen aus dem Blick, die *zu* verwundbar sind. Ja, dann werden die Augen mutwillig davor verschlossen, dass die Mehrheit der Menschheit *zu* verwundbar ist. Ich denke hier etwa an die skandalöse Tatsache, dass alle zehn Sekunden ein Kind an Hunger stirbt,[27] und dies zumeist aus vermeidbaren Gründen. Eine Politik der Unverwundbarkeit macht andere nur noch verletzlicher!

Eine andere Strategie, um das Menschenrecht auf körperliche und seelische Integrität und gesellschaftliche Teilhabe zu untergraben: den Schwachen und Gestrandeten die Schuld für ihr Elend in die Schuhe schieben. »Ey, du Opfer!« Oder: »SskM! (= Selbst schuld, kein Mitleid!)« In solchen Schulhofsprüchen spiegelt sich die Atmosphäre einer Gesellschaft wider, in der Niederlagen, Schwäche und Wunden keinen Platz haben. »Arbeitslos? – Leistungsverweigerer und Schmarotzer!« »Krank? – Selbst schuld!«

Die Folge einer solchen Siegermentalität, die inzwischen Partei- und Regierungsprogramme prägt: Es schwindet das Verständnis für das Leben als Ganzes, zu dem eben auch Verwundbarkeit und Tragik gehören. (Mit-)leidensfähige Haltungen wie Mitgefühl und Solidarität, Zivilcourage und Gerechtigkeit kommen zunehmend unter die Räder. Wir verwandeln uns schleichend in eine Gesellschaft, in der sich das »Recht des Stärkeren« durchsetzt. Und übersehen dabei: Dieser zynische Begriff pervertiert den Sinn des Wortes »Recht«! Denn Recht soll vor der Willkür des Stärkeren schützen.

Eine Kultur der Solidarität

Wir müssen den Menschen als verletzliches und zerbrechliches Wesen in den Mittelpunkt unseres Nachdenkens stellen! Denn nur dann werden wir eine Kultur der Solidarität und Gerechtigkeit entwickeln können. Und nur so können wir Wege einschlagen, die Frieden und sozialen Zusammenhalt in unserer Gesellschaft fördern.

Das bedeutet: Wenn wir an einer solidarischen Gesellschaft bauen wollen, dann müssen wir den Erfahrungen von Verwundbarkeit auch in der Öffentlichkeit Raum geben und die wesentlichen Themen ansprechen. Damit meine ich keine fatalistische Rechtfertigung von unnötigem Leid. Im Gegenteil: Wenn uns die Zerbrechlichkeit des Lebens unter die Haut geht, kann unser Mitgefühl wachsen. Wenn wir Verwundbarkeit wahrnehmen, entwickelt sich der Protest gegen alle Formen von Gewalt und Verletzung. Gerade weil Menschen verwundbar sind, brauchen sie den gemeinschaftlichen Schutz. Der vermeidbare Tod von Millionen Kindern muss unseren Aufschrei hervorrufen.

Dableiben, sich aufrütteln lassen, wenn uns Not und Elend begegnen: Das ist der einzige Weg, damit sich etwas verwandeln kann – in einem selbst und in der Gesellschaft. Die gegenseitig eingestandene Verletzlichkeit begründet unsere Verantwortung, die wir füreinander zu tragen haben. Darin liegt die *wahre* Sicherheit, auf die wir uns verlassen können!

3. Wider den politischen Übermut

April 1982: Ronald Reagan prägte in der amerikanischen Nachrüstungsdebatte den militärstrategischen Ausdruck vom »Fenster der Verwundbarkeit«. Der Begriff meint eine Lücke im Verteidigungssystem, die sich der Gegner zunutze machen kann. Und Reagan forderte, dass die USA ein im Weltraum stationiertes Raketenabwehrsystem entwickeln müssen, um »*das letzte Fenster der Verwundbarkeit zu schließen*«. – Diese Metapher verdeutlicht eindrücklich, wie buchstäblich um jeden Preis die Angst abgewehrt werden muss, verwundbar zu sein.

1. März 2018: Zwei Wochen vor der russischen Präsidentschaftswahl hielt Wladimir Putin eine zweistündige Rede zur »Lage der Nation«. Fünfundvierzig Minuten widmete er dem neuesten Waffensystem seines Landes. Er stellte unter anderem eine Interkontinentalrakete namens »Sarmat« vor. Diese soll ihr »breites Spektrum an hochwirksamer nuklearer Munition« besonders gut an Luftabwehrsystemen vorbeisteuern können. Als Reaktion auf die US-Raketenabwehr habe die *Sicherheit* des Landes die Entwicklung von »Sarmat« erfordert, betonte Putin. Russlands Bewaffnung diene dem Gleichgewicht und damit letztendlich dem Frieden auf der Welt, versicherte er. Allzu sehr erinnern diese Sätze an die Rhetorik aus der Zeit des Kalten Krieges.

Eine gefährliche Utopie

Menschen, Städte und Staaten sind und bleiben verwundbar. Unverwundbarkeit stellt kein realistisches Ziel dar. Vielmehr handelt es sich um eine gefährliche Utopie. Denn wenn Gesellschaften oder Staaten der Illusion einer absoluten Sicherheit nachjagen, führt dies zu Sicherungsstrategien, die selbst ein Gewaltpotenzial in sich bergen. Ja, sogar noch vermehren. Immer höhere Mauern, immer undurchlässigere Grenzen, immer »intelligentere« Waffen, immer lückenlosere Überwachung …

Was dem Schutz der eigenen Sicherheit dienen soll, kann für andere fatale Folgen haben oder gar tödlich enden. Welche Ressourcen setzt man ein, um drohende Verwundungen zu vermeiden? Wo besteht vielleicht eine viel größere Notwendigkeit zum Einsatz dieser Ressourcen – etwa im sozialen Bereich oder Umweltschutz? Und: Handelt es sich um eigene Ressourcen? Oder um fremde, etwa um Bodenschätze ausgebeuteter Länder oder um die Lebensgrundlage späterer Generationen, die sich nicht wehren können?

Um nicht selbst verwundet zu werden, verwundet man andere. Daher braucht es eine große Aufmerksamkeit für die Opfer, die anderen um der eigenen Sicherheit willen aufgezwungen werden. Zweifellos ist es überlebensnotwendig, dass sich Menschen, Gruppen und Staaten vor Verwundungen schützen. Aber um welchen Preis? Und wer hat ihn zu zahlen?

Das »Fenster der Verwundbarkeit« symbolisiert unser Menschsein: *Es gibt keinen Zustand jenseits der Angst.* Die Annahme, dass wir – Geld und Zeit vorausgesetzt – eine immer höhere Sicherheit gewährleisten können, stimmt so nicht. Erst wenn wir diese Tatsache akzeptieren, werden wir mit Verunsicherungen besser umgehen können.

Mut zur Angst ist also gefragt. *Und das Einzige, was wir zu fürchten haben, ist die Angst vor der Angst.* Denn eine solche Angst ist nicht nur ein schlechter Ratgeber, sondern vor allem aus ethischer Sicht problematisch. Denn schnell führt sie dazu, dass wir soziale oder politische Grundwerte über Bord werfen.

Natürlich soll hier nicht einer naiven Risikobereitschaft das Wort geredet werden. Leben und Überleben erfordern den Selbstschutz auf verschiedensten Ebenen: auf der des Individuums, der Gesellschaft und des Staates. Wir schulden es unserer Verletzbarkeit und Selbstachtung, dass wir uns schützen und für uns einstehen. Das Problem liegt in der »Entweder-oder-Logik«: entweder verwundbar *oder* abgesichert. Man hat eine Schaukel vor Augen: Je verwundbarer, desto unsicherer. Je abgesicherter, desto weniger verwundbar. Doch diese Rechnung geht nicht auf. Im atomaren Wettrüsten, aber auch in der gegenwärtigen Migrationsproblematik tritt dies deutlich zutage. Abriegelung allein macht die Grenzen Europas nicht sicher.

Die entscheidende Doppelfrage lautet daher: Wo gilt es, sich selbst und die eigene Gemeinschaft (Familie, Gesellschaft, Staat) vor Verwundungen zu schützen? *Und:* Wo gilt es, um der Humanität willen die eigene Verletzlichkeit zu riskieren? Etwa im Wagnis von vertrauensbildenden

Maßnahmen und Versöhnung oder im Kampf für eine größere Gerechtigkeit.

Die wichtigste Bildung: Vertrauensbildung

Über Jahrhunderte tobten in Europa ungezählte Kriege. Allein im Zweiten Weltkrieg kamen mindestens 55 Millionen Menschen ums Leben. Heute befinden wir uns in der privilegierten Situation, dass bereits mehrere Generationen keinen Krieg mehr erleben mussten. Seit über sieben Jahrzehnten herrscht Frieden. Bei dieser Verwandlung Europas von einem Kontinent der Kriege zu einem Kontinent des Friedens hat die Europäische Union eine zentrale Rolle gespielt. Ein wesentlicher Motor des »Friedensprojektes EU« lag in der gezielten wirtschaftlichen Verflechtung. Doch neben dem »Integrationsmotor Wirtschaft« trugen zahlreiche vertrauensbildende Maßnahmen zu dieser Entwicklung bei.

Vertreter ehemals verfeindeter Staaten besuchten sich gegenseitig, pflegten persönliche Freundschaften und luden sich gegenseitig zum Essen ein. Doch nicht allein die öffentlich sichtbare Vertrauensbildung genoss einen hohen Stellenwert. Schüleraustausch, grenzüberschreitende Kulturprojekte, Erasmusprogramme, Sprachschulen oder Sportveranstaltungen – all dies trug und trägt zu einem wachsenden Vertrauen und zum Abbau von Grenzen zwischen den europäischen Nachbarn bei. Und das Schengen-Abkommen führte zu einem völlig neuen »europäischen Gefühl«: Man kann die Grenzen zu anderen Staaten ohne die vorher oft so langwierigen Kontrollen, die Staus hinter sich herzogen, überschreiten.

Die Frieden stiftende Wirksamkeit vertrauensbildender Maßnahmen wird von Historikern heute stark betont.

Dauerhafte Friedensschlüsse seien in der Geschichte vor allem durch demonstrative Maßnahmen der Vertrauensbildung gelungen. Dem Historiker Gerd Althoff zufolge lassen sich zwei Friedenstypen unterscheiden: Da ist zum einen der *Siegfrieden*. Dieser demütigt die Verlierer und glorifiziert die Sieger. Er wird dem Verlierer diktiert und ist selten von langer Dauer. Ein Beispiel dafür stellen die Friedensverträge nach dem Deutsch-Französischen Krieg 1871 und dem Ersten Weltkrieg dar. Im Unterschied dazu erweist sich der *Verständigungs- oder Versöhnungsfrieden* als weit beständiger. In einem Frieden, der auf Versöhnung zielt, investieren alle Konfliktparteien Vertrauen. Nur so gelingt dauerhafter Frieden.

Aus der Friedensforschung lässt sich lernen: Krisensituationen lassen sich nur durch Vertrauensbildung nachhaltig überwinden. Wenn beide Seiten sich Schritt für Schritt entgegenkommen, so wächst das Gefühl von Sicherheit und Tragfähigkeit einer (bilateralen) Beziehung. Zugleich bedeutet ein solcher Prozess auch, dass das Fenster der Verwundbarkeit bewusst offen gehalten wird. Denn Vertrauen ist das Ergebnis von riskierter Verletzlichkeit!

ZUM STARTEN

Mach's wie die Springreiter:
Wirf dein Herz voraus
und spring hinterher!

DANK

Viele Menschen haben mich bei der Entstehung dieses Buches inspiriert und ermutigt. Ich danke Svenja Marx, Petra Wasserbauer und Bernhard Bürgler SJ für ihre wichtigen Hinweise zum Manuskript, und insbesondere Andreas Knapp für seine kritische Lektüre und zahlreichen Anregungen. Ebenso gilt mein aufrichtiger Dank dem Leiter des *bene! Verlags* und Lektor Stefan Wiesner für seine wertvollen Hinweise und für die stärkende und vertrauensvolle Zusammenarbeit.

Natürlich wäre das alles nicht möglich ohne meine Gemeinschaft, in der ich lebe, meine Freunde und Familie. Ein Dank ihnen allen, besonders meinem Bruder Benedikt Wolfers für seine Gastfreundschaft in der heißen Endphase des Schreibens.

Literaturhinweise

Brené Brown, Verletzlichkeit macht stark. Wie wir unsere Schutzmechanismen aufgeben und innerlich reich werden, Kailash
Verlag, München 2013

Brené Brown, Laufen lernt man nur durch Hinfallen: Wie wir zu
echter innerer Stärke finden, Kailash Verlag, München 2016

Heinz Bude, Gesellschaft der Angst, Hamburger Edition,
Hamburg, 6. Auflage 2016

Oskar Holzberg, Neue Schlüsselsätze der Liebe. Was Beziehungen
scheitern und was sie gelingen lässt, Dumont Verlag, Köln 2017

Hartmut Rosa, Resonanz. Eine Soziologie der Weltbeziehung,
Suhrkamp Verlag, Berlin 2016

Melanie Wolfers: Freunde fürs Leben – Von der Kunst, mit sich
selbst befreundet zu sein, adeo Verlag, Asslar 2016

Melanie Wolfers, Die Kraft des Vergebens. Wie wir Kränkungen
überwinden und neu lebendig werden, Verlag Herder,
Freiburg im Breisgau 2017

Quellenverzeichnis

1 Jon Foreman, in Melchior Magazin Nr. 3/2015, © Melchior Magazin, Wien & Zug

2 Franz Kafka, Tagebucheintrag, Oktober 1921

3 Dietrich Bonhoeffer, Widerstand und Ergebung. Briefe und Aufzeichnungen aus der Haft. Eberhard Bethge (Hrsg.), Gütersloher Verlagshaus, Gütersloh, in der Verlagsgruppe Random House, München

4 Heinz Bude, Gesellschaft der Angst, Hamburger Edition, Hamburg, 6. Auflage 2016, 25 f.

5 http://blog.juleblogt.de/selbstoptimierung/

6 Adler, G., und Jaffé: C. G. Jung, Briefe, Erster Band 1906–1945, Walter Verlag, Olten 1973

7 Dietrich Bonhoeffer, Widerstand und Ergebung. Briefe und Aufzeichnungen aus der Haft. Eberhard Bethge (Hrsg.), Gütersloher Verlagshaus, Gütersloh, in der Verlagsgruppe Random House, München

8 Antoine de Saint-Exupéry: Der kleine Prinz, Karl Rauch Verlag, Düsseldorf, 1950

9 Zitiert aus: Brené Brown, Laufen lernt man nur durch Hinfallen: Wie wir zu echter innerer Stärke finden, München 2016, S. 205; Titel der amerikanischen Originalausgabe: C. S. Lewis, The Four Loves © C. S. Lewis Pte Ltd 1960. Übersetzung: Margarete Randow-Tesch

10 Virgina Satir, Mein Weg zu dir, © 2001, Kösel Verlag, München, in der Verlagsgruppe Random House, München

11 Andreas Knapp, Gedichte auf Leben und Tod, © Echter Verlag Würzburg, 4. unveränderte Auflage 2016, S. 39

12 Zitiert aus: Brené Brown, Verletzlichkeit macht stark. Wie wir unsere Schutzmechanismen aufgeben und innerlich reich werden, Kailash Verlag, München 2013, S. 222

13 Aus: Silvia Ostertag, Einswerden mit sich selbst, Kösel München 1981, S. 44 f.

14 vgl. Melanie Wolfers, Freunde fürs Leben. Von der Kunst, mit sich selbst befreundet zu sein, adeo Verlag, Asslar, 2016, S. 99 ff.

15 Marianne Williamson, Rückkehr zur Liebe. Harmonie, Lebensfreude und Sinn durch »Ein Kurs in Wundern«, © 1993 Arkana Verlag, München, in der Verlagsgruppe Random House, Übersetzung: Susanne Kahn-Ackermann (Printausgabe) / Übersetzung aus der amerikanischen Original-ausgabe: A Return to Love by Marianne Williamson. © 1992 by Marianne Williamson, Reprinted by permission of Harper-Collins Publishers, Übersetzung: Susanne Kahn-Ackermann (E-Book-Ausgabe)

16 »Der Wächter« aus: Martin Buber, Die Erzählungen der Chassidim, © 1949, Manesse Verlag, Zürich, in der Verlags-gruppe Random House, München

17 aus: Günter Eich, Träume, in: ders., Gesammelte Werke in vier Bänden. Revidierte Ausgabe. Band II. Die Hörspiele 1. Herausgegeben von Karl Karst, © Suhrkamp Verlag, Frankfurt am Main 1973, 1991. Alle Rechte bei und vorbehalten durch Suhrkamp Verlag, Berlin

18 Andreas Knapp, Heller als Licht. Biblische Gedichte, © Echter Verlag, Würzburg, 4. Auflage 2018, S. 61

19 Gekürztes Zitat aus: Karl Rahner, Über die Erfahrung der Gnade. In: Ders., De Gratia Christi, Schriften zur Gnadenlehre, Sämtliche Werke Bd. 5, Erster Teilband, S. 84–87, hier S. 85 © 2015 Verlag Herder GmbH, Freiburg im Breisgau.

20 Paul Roth, Wir alle brauchen Gott, 1975, Echter Verlag, Würzburg

21 Andreas Knapp, Brennender als Feuer. Geistliche Gedichte, © Echter Verlag, Würzburg, 8. Auflage 2017, S. 72

22 Dag Hammarskjöld, Zeichen am Weg, Verlag Freies Geistes-leben & Urachhaus GmbH, Stuttgart, S. 137

23 »Die Frage der Fragen« aus: Martin Buber, Die Erzählungen der Chassidim, © 1949, Manesse Verlag, Zürich, in der Verlagsgruppe Random House, München

24 Franz Kafka, Sämtliche Erzählungen, Paul Raabe (Hrsg.), Fischer Verlag, Frankfurt am Main, S. 320 f.

25 Virgina Satir, Mein Weg zu dir, © 2001, Kösel Verlag, München, in der Verlagsgruppe Random House, München

26 http://www.faz.net/aktuell/wirtschaft/depressionen-jeder-vierte-junge-mensch-hat-psychische-probleme-15462273.html

27 https://www.unicef.de/lpg/hunger-helfen/

FSC
www.fsc.org
MIX
Papier aus ver-
antwortungsvollen
Quellen
FSC® C014496

Originalausgabe Oktober 2018
© 2018 bene! Verlag
Ein Imprint der Verlagsgruppe
Droemer Knaur GmbH & Co. KG, München
Alle Rechte vorbehalten. Das Werk darf – auch teilweise – nur mit
Genehmigung des Verlags wiedergegeben werden.
Lektorat: Stefan Wiesner
Covergestaltung: Finken & Bumiller, unter Verwendung eines
Shutterstock-Motivs
Innengestaltung und Satz: Maike Michel
Druck und Bindung: GGP Media GmbH, Pößneck
ISBN 978-3-96340-022-3

5   4   3   2